AF141004

Rheinisch-Westfälische Akademie der Wissenschaften

Geisteswissenschaften   Vorträge · G 187

Herausgegeben von der
Rheinisch-Westfälischen Akademie der Wissenschaften

HANS ERICH STIER

Welteroberung und Weltfriede
im Wirken Alexanders d. Gr.

Springer Fachmedien Wiesbaden GmbH

177. Sitzung am 21. Juni 1972 in Düsseldorf

ISBN 978-3-663-01829-2   ISBN 978-3-663-01828-5 (eBook)
DOI 10.1007/978-3-663-01828-5

1973 by Springer Fachmedien Wiesbaden

Ursprünglich erschienen bei Westdeutscher Verlag 1973

1.

In der „Naturalis historia" des älteren Plinius (35,93) wird unter den im kaiserlichen Rom ausgestellten Meisterwerken griechischer Malerei ein Gemälde des Hofmalers Alexanders d. Gr., des Apelles, erwähnt und kurz charakterisiert, auf dem der jugendliche Welteroberer dargestellt war, wie er im Wagen eines Triumphators als Weltensieger daherzog; auf dem Bilde konnte man zugleich den Dämon des Krieges („Belli") sehen, dessen Hände wie bei einem Gefangenen auf dem Rücken gefesselt waren. Das Kunstwerk erhielt zusammen mit einer weiteren Schöpfung des gleichen Meisters, die ebenfalls Alexander zeigte, aber diesmal zusammen mit der Siegesgöttin und den Dioskuren, von Augustus in Rom einen Platz an der besuchtesten Stelle seines neuen Forums. Der Zusammenhang zwischen beiden künstlerischen Kostbarkeiten und dem Programm des bewaffneten Weltfriedens als Kern der Politik des ersten Princeps liegt auf der Hand, galt doch die Pax Augusta als die Erfüllung dessen, was die Kulturmenschheit längst ersehnte, was aber für die Zeit des Apelles und Alexander notgedrungen Ideal bleiben mußte [1]. Wenn Claudius später auf beiden Gemälden das Gesicht Alexanders durch das des Augustus ersetzen ließ, so bedeutete das nur ein vergröbertes Verfahren zum Zwecke der Sichtbarmachung der erwähnten Beziehungen zwischen griechischer Vergangenheit und römischer Gegenwart. Die Verbindung zwischen Kunst und Politik ist nicht erst in römischer Zeit in Apelles' Schaffen hineingetragen worden; das belegt ganz deutlich der Meinungsstreit zwischen ihm und dem ebenfalls in engster Fühlung mit Alexander stehenden großen Plastiker Lysipp über Apelles' aufsehenerregendes, virtuos gemaltes Bild des Königs mit dem Blitzbündel des Zeus in der Hand, das im neuerbauten monumentalen Artemistempel in Ephesos ausgestellt war und das der Bildhauer als Verfälschung des wahren Alexander scharf kritisierte [2]. Auch die beiden von Plinius beschriebenen Gemälde können nach

---

[1] Vgl. jetzt auch G. A. Lehmann, Tacitus und die „imitatio Alexandri" des Germanicus Caesar, in: Politik und literarische Kunst im Werk des Tacitus, hrsg. von G. Radke (1971), S. 23 ff.

[2] Plut. mor. 360 D. – Daß Alexanders Hofbiograph Kallisthenes ihm – einem Sterblichen – bereits Ägis und Donnerkeil zugebilligt habe, tadelte Timäos (Polyb. 12, 12b 3).

allem, was wir von Apelles' Wertschätzung bei Alexander wissen, nicht ohne dessen Billigung entstanden sein[3]. Längst ist von kompetenter archäologischer Seite darauf hingewiesen worden, daß die „künstlerischen Anschauungen des Apelles, der überall in seinen Gestalten einen bestimmten Gedanken zu verkörpern bestrebt war, den Wünschen des Königs auf das wunderbarste entgegenkamen"[4]. Aber es war eine Verengung, wenn man die Idee, die beide vereinte, lediglich als die der Weltherrschaft – die allerdings „Alexanders ganzes Wesen erfüllte"[5] – ansprach. Wohl verherrlichte das Gemälde, das den König in Gemeinschaft mit der Siegesgöttin zeigte, die Welteroberung; sie war ihm beim Besuche des Orakels im Ammonion zugesagt worden[6]. Aber größtes Interesse verdient, daß Apelles sich getrieben fühlte, das zweite seiner von Plinius besprochenen Gemälde als weiteres selbständiges Werk zum Thema „Alexander" zu schaffen, das als den Gefangenen des königlichen Siegers den Pólemos, den Dämon des Krieges, selbst erscheinen ließ. Damit trat neben dem Eroberer, als dessen Typ Alexander nach seinem frühen Tod schon der antiken Welt galt[7], etwas noch Bedeutsameres im Bilde des jugendlichen Heldenkönigs ans Licht: der Stifter einer neuen Weltfriedensordnung, die nicht nur den Waffen verdankt wurde, sondern sich aus tieferen Gründen speiste. Eben deshalb sind Pólemos und Nike ganz offensichtlich nicht auf einem und demselben Bilde zusammen dargestellt worden, was zweifellos möglich gewesen wäre, wenn es der Absicht des Meisters entsprochen hätte. Alexander strebte also nach höherem Ruhm als nur dem des Siegers – so hat ihn jedenfalls der gefeierte Künstler der Mit- und Nachwelt erhalten wollen und erhalten. Und da diese Auffassung aus dem engsten Kreise der Vertrauten des Herrschers selbst stammte, muß sie m. E. als Quellenzeugnis für die politische Zielsetzung Alexanders d. Gr. wichtiger genommen werden, als es – wenn ich recht sehe – in der bisherigen Forschung der Fall war[8]. Die Frage hat zu lauten, ob angesichts der ja bekannten enormen Öffentlichkeitswirkung der bildenden Kunst des Hellenentums und angesichts ihrer damals noch immer ungebrochenen Blüte in Alexanders aus der kritisch überprüften Überlieferung bekanntem Lebens-

---

[3] Man erinnere sich an seinen von Plutarch (De Alexandri Magni fortuna 2,2 – Mor. p. 335A) zitierten Ausspruch, es gebe zwei Alexander: den unbesiegbaren Sohn Philipps und den unnachahmlichen des Apelles.

[4] H. Brunn, Geschichte der griechischen Künstler 2,1 (1856), S. 270.

[5] A.a.O.

[6] Plut. Alex. 27; s. u. S. 22.

[7] So sieht ihn z. B. das 1. Buch Makkabäer (1,1–8) neben der alexanderfeindlichen Überlieferung.

[8] Dieser Tatbestand ist um so befremdender, als bereits 1947 ein Forscher vom Range W. W. Tarns (Alex. d. Gr., 1947, Neuausgabe 1968, S. 821) erklärte: „Alexander hätte, wenn er länger gelebt hätte, versucht, etwas zu tun, den Krieg zu ächten!"

gange Bestätigungen für die politischen Hinweise erkennbar werden, die dem künstlerischen Schaffen des Apelles noch zu entnehmen sind.

Daß für die antike Welt Alexander geradezu der Typ des Welteroberers κατ' ἐξοχήν geworden ist, der sich nicht zufällig die Gestalt des größten Helden der griechischen Sage, des Achill, zum Vorbild nahm, ist bekannt. So bewunderte ihn auf der Höhe der römischen Kaiserzeit Appian (Bürgerkriege 2, Kap. 149), weil er „jedes Land, das er sah, sich zu eigen machte und über dem Plan, nun auch den Rest der bewohnten Welt zu gewinnen, starb". Von Alexanders Jugendfreund und Admiral Nearch ist der Ausspruch erhalten geblieben (Arrian, Indiké 20), daß den König die Begierde erfüllte, stets etwas Neues und Ausgefallenes zu unternehmen [9], und daß sein nie besiegtes Heer, das Instrument der Welteroberung, in grenzenlosem Vertrauen auf das Glück seines Feldherrn von dem Glauben beseelt war, dieser könne alles wagen und alles durchsetzen. Aber die Antike wußte zugleich zwischen ihren „Eroberern" zu differenzieren. Es sei hier nur erinnert an die von Plutarch in seine Biographie des Königs Pyrrhos von Epiros (Kap. 14) eingelegte Erzählung von einer (angeblichen) Unterhaltung dieses waffenfrohen hellenistischen Fürsten mit seinem klugen Minister Kineas, der ihn insgeheim davon zurückhalten wollte, dem Hilfsgesuch der Tarentiner gegen das aufstrebende Rom stattzugeben und nach Italien überzusetzen. Durch geschickte Wendungen lockt in ihr der Staatsmann aus seinem König ein Programm der Eroberung Italiens, dann Siziliens, Libyens, Karthagos, schließlich Makedoniens und Griechenlands heraus und stellt dann die Frage, was man denn nach glücklicher Vollendung dieses riesigen Vorhabens beginnen würde. Pyrrhos entgegnet lachend, man werde dann viel Muße genießen; der Becher werde täglich kreisen, und in geselligem Beisammensein werde man einander mit klugen Gesprächen erfreuen, worauf Kineas mit gespielter Naivität vorschlägt, wenn das die Absicht sei, könnte man sich doch eigentlich diesem Genuß sofort hingeben, ohne Blutvergießen, Mühen, Gefahren und Verursachung wechselseitigen Leides. Schärfer kann die „Welteroberung um ihrer selbst willen" schwerlich kritisiert werden. Diese Kritik entspricht dem harten Urteil des römischen Dichters Ennius über die „dummdreisten *(stolidi)"* Äakiden, die Dynastie des Pyrrhos: *bellipotentes sunt magis quam sapienti-*

---

[9] Hierher schien auch zu gehören, daß Alexander selbst (worauf V. Ehrenberg in der Festschrift für M. Winternitz, 1933, S. 295 f., hinwies) manche Unternehmungen, wie den Übergang über die Donau, die Ausfahrt in den Indischen Ozean etc., als Auswirkungen einer ihn treibenden „Sehnsucht" bezeichnete (vgl. die Literaturangaben bei G. A. Lehmann, a.a.O., S. 24, Anm. 3). Mit Recht hat jetzt K. Kraft (s. u. S. 13), S. 81 ff., dagegen protestiert, von hier aus auf eine Irrationalität des gesamten Handelns Alexanders zu schließen. Seine Argumentation verdient sorgfältige Beachtung.

potentes – auf Kriegsmacht verständen sie sich eher als auf Weisheitsmacht [10].
Der Epirotenkönig sieht die Dinge vom Standpunkt des Berufssoldaten aus,
des Condottiere, der sich erst in dem auf Alexanders Lebenszeit folgenden
Jahrhundert weithin durchsetzte; er mußte erleben, daß die politische Entwicklung sich ganz anders gestaltete, als er erwartet hatte, und ist bekanntlich
zuletzt ruhmlos gescheitert.

Ganz anders steht Alexander als Welteroberer vor kritischen Blicken da.
Um jeden Anschein fachlicher Voreingenommenheit zu vermeiden, darf ich
einem Neuhistoriker, Th. Schieder, das Wort geben, der über den jugendlichen Makedonenkönig urteilte, er sei „einer der außerordentlichsten Menschen, der je in der Weltgeschichte aufgetreten ist" [11]. Die schlagende Bestätigung für diese Auffassung bietet ein vergleichender Blick in den Geschichts-
atlas, etwa auf die Kartenblätter 14/15 (480 v. Chr.) und 22/23 (323 v.
Chr.) in Westermanns Großem Atlas zur Weltgeschichte (1966). Während
auf der erstgenannten Kartenübersicht, der der Welt zur Zeit der Perserkriege, das persische Riesenreich dominiert, ist es auf der zweiten, die den
Zustand im Todesjahre Alexanders darstellt, völlig verschwunden. Der
Wandel des politischen Weltbildes ist nahezu total gewesen. Als Zeitgenosse
hatte ihn der attische Rhetor Äschines in seiner 330 v. Chr. in Athen gehal-
tenen Rede gegen Ktesiphon (132 ff.) in Worte gefaßt: „Was von den völlig
unerwarteten Dingen ist eigentlich in unseren Tagen nicht Wirklichkeit geworden? Denn wir haben nicht ein normales Menschenleben gelebt, sondern
sind zur Welt gekommen, um Gegenstand ungläubigen Staunens für die
Geschlechter nach uns zu werden." Es folgen die hervorstechendsten Einzeltatsachen, in denen sich die große Umwälzung manifestiert: Der persische
Großkönig, der sich einst den Herrn aller Menschen von Sonnenaufgang bis
Sonnenuntergang nannte, muß um das nackte Leben kämpfen; Sieger sind
die erst kürzlich emporgekommenen Makedonen; Athens Nachbarrepublik,
das kriegerische Theben, wurde an einem einzigen Tage aus Hellas heraus-
gerissen; Sparta, das ehedem die Führung in der griechischen Staatenwelt
beanspruchen konnte, muß, bei Megalopolis geschlagen, auf Alexanders Ur-
teilsspruch warten; Athen, früher die Zufluchtsstätte, von der man Hilfe
erflehen konnte, müht sich bereits nur noch um die Behauptung seines vater-
ländischen Bodens. Wie wenig übertrieben Äschines' Schilderung der Welt-
wende ist, offenbart sich, wenn man neben den von dem Redner allein
berührten äußeren Veränderungen in der Staatenwelt die innere Umwand-
lung ins Auge faßt: das schicksalsschwere Emporkommen der Monarchie im

---

[10] Fr. 68 D (180 f. V.).
[11] Histor. Zeitschrift 195 (1962), S. 267.

damaligen Europa, den Weg der bildenden Kunst zur Dynamik der Nike von Samothrake und des Pergamonaltars, kurz, alles das, was die Forschung seit Johann Gustav Droysen als „Hellenismus" von der hellenischen Klassik zu sondern gelernt hat.

Man hat die Frage gestellt, ob es nicht der durchgreifende Wandel vom „Hellenischen" zum „Hellenistischen" in den fast anderthalb Jahrhunderten zwischen Xerxeszug und Alexanderzug selbst war, der als eine seiner Phasen das knapp dreizehnjährige Walten des jungen, bereits vor Ablauf seines 33. Lebensjahres dahingegangenen Makedonenkönigs gewissermaßen aus sich heraustrieb [12]. In der Tat ist es mit dem letzten Drittel des 4. vorchristlichen Jahrhunderts zu allmählich zunehmenden Berührungen zwischen Griechentum und Orient gekommen, in denen sich die Überlegenheit des ersteren und die Auflösung der einst so riesigen Persermacht widerspiegelte. Griechische Heerführer und Söldner begegnen in persischen Diensten. Griechische Kaufleute, Musikantinnen u. a. m. verbreiteten Elemente hellenischer Gesittung und Lebensauffassung im Osten, und griechische Baumeister und Bildhauer arbeiteten für persische Satrapen wie den Fürsten Mausolos von Karien, dessen Grabmal in Halikarnassos zu den Weltwundern gezählt wurde, oder für die Stadtkönige von Sidon, der alten Metropole Phönikiens, deren Felsengrüfte mit prachtvollen Sarkophagen griechischer Arbeit, namentlich dem sog. Klagefrauen-Sarkophag, dort entdeckt wurden. Die Überlieferung hat uns die interessante Notiz bewahrt, daß der „Akademie" in Athen die Statue ihres Begründers Plato von der Hand des Silanion durch einen dankerfüllten Perser Mithradates, den Sohn des Rhodobates, gestiftet worden ist [13]. Der Athener Xenophon kleidete seine Vorstellungen vom idealen Herrscher in die Gestalt des persischen Reichsgründers Kyros [14]. Aber so wichtig diese Vorkommnisse sind, so zweifellos ist es, daß sie für die Gesamtentwicklung nur sozusagen am Rande blieben. Der große attische Redner Isokrates vermochte mit seinen Aufrufen an die Hellenenmächte, in einem gemeinsam unternommenen Perserkriege ihre Suprematie über das „Barbarentum" zu stabilisieren, nicht durchzudringen, so sprachlich und sti-

---

[12] Diese Auffassung wurde besonders nachdrücklich von R. Laqueur in seiner Gießener Rektoratsrede von 1924 vertreten. Sie begegnet seltsamerweise wieder in dem auch sonst merkwürdig rückständigen, von E. Badian verfaßten Artikel „Alexander III. d. Gr.", Artemis-Lexikon der Alten Welt (1965), S. 108, ohne Begründung, also als bloße Meinungsäußerung des Verfassers.

[13] Favorin bei Diogenes Laertius 3,25.

[14] Vgl. die Bemerkung von H. Dörrie in dem von R. Stiehl und G. A. Lehmann herausgegebenen Sammelwerk „Antike und Universalgeschichte" (Fontes et Commentationes, Suppl.-Bd. 1, 1972), S. 150. Vielleicht darf man zum Vergleich Montesquieus Lettres persanes heranziehen, in denen die Kritik des Autors an den Zuständen seiner Zeit in Frankreich Orientalen in den Mund gelegt ist.

listisch vollendet sie auch vorgebracht wurden. Selbst König Philipp von Makedonien, nach dem Urteil des Historikers Theopomp „der größte Mann, den Europa jemals hervorbrachte" [15], dessen Schlachtensieg bei Chäronea 338 v. Chr. das Gleichgewicht in Hellas gewaltig verschob, blieb dennoch mit seinen Plänen und Maßnahmen innerhalb des gewohnten Rahmens. Das ergibt sich klar aus dem scharfen Gegensatz, in dem sich sein genialer Sohn Alexander hinsichtlich seiner Pläne zu den meisten der lediglich kriegs- erfahrenen Marschälle und Offiziere seines Vaters als Vertretern einer seiner Meinung nach im Grunde überlebten älteren Generation fühlte, was ihn schließlich sogar in tragische Schuld verstrickte.

Es muß dabei bleiben, daß die tiefgreifende Zäsur, die sich für den Betrach- ter zwischen dieser Zeit und der neben ihr geradezu eruptiv wirkenden [16] Epoche eines neuen „Weltgriechentums" auftut, der Reflex des Eingreifens eines Genies in die Geschichte der damaligen Welt ist, das, von einem Aristo- teles gebildet, als 18jähriger Kronprinz mit seiner Reiterei die Schlacht bei Chäronea entschied, als 20jähriger König mit unerhörter Tatkraft sich das Erbe seines Vaters sicherte, um es in kaum glaublichem Maße zu mehren, und das als nur 32jähriger rund zwei Drittel der damaligen Ökumene [17] zu sei- nen Füßen sah. Der Satz, mit dem Droysen sein klassisch gewordenes Werk begann: „Der Name Alexander bedeutet das Ende einer Weltepoche, den Anfang einer neuen", besteht nach wie vor zu Recht. Der vielfach bewährte Marschall Parmenion aus der Generation Philipps erklärte im Kriegsrat nach dem Angebot des Perserkönigs, alle Lande westlich des Euphrats abzutreten, das auf die Schlacht bei Issos folgte – es wäre die Linie gewesen, die in der Römerzeit für Jahrhunderte die Grenze zwischen Abend- und Morgenland war –, er würde dieses Angebot annehmen, wenn er Alexander wäre, und der König antwortete: „Ich auch, wenn ich Parmenion wäre." [18] Das war die Sprache eines neuen Zeitalters. Die weitgehende, großartige Hellenisie- rung Vorderasiens beginnt erst mit Alexander; auf Grund der Vorausset-

---

[15] Polyb. 8, II, 1 = fr. 26 b F. Jacoby, Die Fragmente der griech. Historiker. 2 B (1927), S. 541.

[16] H. U. Instinsky, Alexander der Große am Hellespont (1949), S. 10: „Sein Zug nach Osten weit über die Grenzen der den Griechen damals bekannten Welt hinaus ist ein geschichtlicher Vorgang, der von einer elementaren Kraft vorangetrieben zu sein scheint. Diese Kraft setzt um so mehr in Erstaunen, als sie in der Person eines einzigen beruht, allein in der Person Alexanders."

[17] Natürlich gemessen am Erdbild der Zeit; vgl. den Versuch einer Rekonstruktion der Weltkarte des Eratosthenes im Westermann-Atlas S. 22, in die der Umfang des Alex- anderreiches eingezeichnet ist.

[18] Der korrekte Arrian (2,25) hat diese Erzählung der sog. Vulgatüberlieferung (vgl. sein Proömion § 3) entnommen und sie damit als nicht unglaubwürdig bewertet. In der Tat entspricht der Dialog ganz dem, was wir sonst von Alexanders geistiger Haltung wissen.

zungen, die er geschaffen hatte, entwickelten die Seleukidenherrscher ihre
Stadtgründungspolitik, „die größte von einer Regierung planmäßig entwor-
fene und verwirklichte Kolonisation, welche die Weltgeschichte kennt" [19].
Wie die Idee des Großreiches nach Indien nicht durch das Imperium der
Perser vermittelt wurde, sondern sich vom Alexanderreich herleitet, das der
Inder Tschandragupta (Sandrokottos), der Begründer der Maurya-Dynastie,
erlebte und von 322 v. Chr. an in der Diadochenzeit mit Glück nachzuahmen
unternahm, so sind, wie seit den erfolgreichen Turfanexpeditionen um (rund)
1900 feststeht, erhebliche griechische Einwirkungen auf die Kunst Indiens
und Ostasiens erkannt worden, die sich bis ins frühe Mittelalter fortsetzten.
Dabei darf das Auge des Forschers nicht nur unmittelbaren Nachahmungen
und Kopien nachspüren, sondern muß auch den indirekten Nachwirkungen
Gerechtigkeit widerfahren lassen. So wie das Mauryareich seinen eigenen
orientalischen Stil aufwies und sich vom Typus der Diadochenreiche in we-
sentlichen Punkten bewußt abhob, so hat auch das merkwürdige Weiterleben
der Kunst des von Alexander ausgelöschten Perserreiches in Indien offensichtlich seinen eigentlichen Grund darin, daß man hier einen nationalen
Kunststil anstrebte, der das neue Imperium auch im künstlerischen Bereich
als selbständige Macht erscheinen lassen sollte. Kapitelle aus der neuen Residenz Pataliputra bei Patna im Gangeslande zeigen schlagend, daß der neue
Kunststil sich als eine Mischung von griechischen und persischen Formelemen-
ten darstellte, nicht als eine einfache Fortführung des altpersischen Reichs-
stils [20]. Beide Komponenten begegnen hinfort in der nunmehr monumental
gewordenen indischen Kunst [21]. – Wohin man auch blickt, immer wieder
bestätigt sich, daß Alexanders Walten, anders als das Napoleons, mit dem er
nicht selten verglichen wurde, nicht nur eine – wenn auch blendende – Epi-
sode blieb, sondern den Charakter einer Epochenwende trug. Neben Gestalten wie dem immerhin als Feldherr bedeutenden Pyrrhos mutet das Auftre-
ten des jungen Makedonenkönigs nahezu wie ein Naturereignis an [22]. Anders

[19] Ed. Meyer, Blüte und Niedergang des Hellenismus in Asien (1925), S. 20 f. Er fügte
hinzu: „Seltsamerweise wird gerade sie, obwohl sie alle anderen überragt, in den populä-
ren Darstellungen in der Regel vergessen." (Wiederabdruck in F. Altheim u. J. Rehork,
Der Hellenismus in Mittelasien, Wege der Forschung 91, 1969, S. 29.)

[20] S. die Abbildung bei M. Wheeler, Flammen über Persepolis (dtsche. Ausgabe 1969),
S. 130. – Als Beispiel „politischer" Architektur in unseren Tagen darf der Wiederaufbau
der Innenstadt von Warschau in „westlichem" Stil genannt werden.

[21] Es begegnet namentlich im neugeschaffenen Buddhabild, bei dem der hellenisierende
Gandhāratypus und der orientalisierende von Mathurā von früh an nebeneinanderstan-
den. – Wheelers Auffassung auf S. 127 ff. über die stilbildende Rolle angeblich durch
Alexander stellungslos gewordener persischer Künstler in dem nie völlig hellenisierten
Asien stößt schon chronologisch auf Schwierigkeiten.

[22] Vgl. oben S. 10, Anm. 16.

als der große Karthager Hannibal ist Alexander nie besiegt worden. In der Tat konnte es scheinen, als wäre mit ihm, der an der Spitze seiner Truppen persönlich seine Siege erkämpfte, einer der Heroen wiedererstanden [23], die für Homer „nicht so waren, wie heutigen Tages Sterbliche sind". Es ist bekannt, daß später, als Rom an die Spitze der antiken Kulturwelt gelangt war, Livius in seiner römischen Geschichte (9,17–19) in ausführlicher Argumentation zu beweisen suchte, Alexanders Siegeslauf hätte spätestens an römischer Standhaftigkeit ein Ende gefunden; aber allein schon die unbestreitbare, hochwichtige Tatsache, daß über vier Jahrzehnte nach dem Tode des Makedonenkönigs der ihm nicht vergleichbare Epirote Pyrrhos die Römer an den Rand des Abgrundes brachte und diese nur durch das Bündnis mit Karthago gerettet wurden, widerlegt jene Meinung schlüssig. Es muß schon dabei bleiben, daß wir im Osten, wo nach dem von Plutarch (Alexander 62) überlieferten Zeugnis des indischen Fürsten Tschandragupta (o. S. 11) das Gangesland für Alexander eine leichte Beute gewesen wäre, so auch im Westen dem jugendlichen Eroberer kein ernsthaftes Hindernis im Wege gestanden hätte.

Die Formen, in denen sich die Eroberung der Welt durch die makedonische Monarchie vollzog, waren ausgesprochen ritterlich; „ich stehle den Sieg nicht", hielt Alexander seinen Feldherren entgegen, als ihm Parmenion zu einem Nachtangriff auf das an Zahl weit überlegene Perserheer bei Gaugamela riet (Arrian 3,10, 1 f., Plutarch, Alex. 31). In der Tat hat er nach seinem ersten großen Schlachtensieg bei Issos 333 v. Chr. in der bei Arrian (2, 14, 8 f.) erhaltenen Korrespondenz den Perserkönig Darius III. aufgefordert, ihn als den jetzigen Herren Asiens anzuerkennen, andernfalls aber nochmals um die Herrschaft zu kämpfen, und dazu erklärt: „Ich werde gegen dich marschieren, wo du auch zu finden seiest." Das war keine leere Geste. Tatsächlich hat Alexander seinem Gegner fast zwei Jahre Zeit gelassen, bis er ihn 331 bei Gaugamela, auf dem Felde, das nicht er, sondern der Großkönig wählte, die Entscheidungsschlacht lieferte [24]. Bald nach Issos

---

[23] Vgl. Diodor 17, 1, 3 f.

[24] F. Hampl („La nouvelle Clio" 6, 1954, S. 131) sieht in den Vorgängen innerhalb der beiden Jahre Belege für seine Auffassung, daß Alexanders Entschlüsse „weit weniger in nüchtern-rationalen Erwägungen wurzelten als vielmehr in seelischen und emotionalen Gegebenheiten"; die Entscheidung, dem Darius Zeit zu neuer Rüstung zu lassen, „fällte er ganz klar gegen die Stimme der Vernunft". Aber die gleichzeitige Verdrängung der mächtigen Perserflotte vom Meer durch systematische Einnahme ihrer Häfen und Stützpunkte vom Lande her, das „gigantische Manöver", wie es J. Kromayer genannt hat (Heerwesen und Kriegführung der Griechen und Römer, 1928, S. 157), ist etwas erstaunlich Rationales – d. h. Verantwortungsbewußtes – gewesen. Und daß die „agonale" Auffassung seines Kampfes gegen Darius III. eine sehr rationale Seite hatte, zeigen Alexanders Ausführungen vor seinen Truppenführern am Vorabend von Gaugamela (Plut. Al. 31 Schluß; Arr. 3, 10). Auch sein Zug zum Zeus Ammon muß in dieser Sphäre gese-

ließ der Sieger den gefangenen fürstlichen Frauen aus Familie und Hof Da-
rius' III. durch Leonnatos offiziell mitteilen, er hege keinen persönlichen
Haß gegen Darius, sondern führe mit ihm rechtmäßig Krieg um die Herrschaft über Asien – eine Nachricht, für die Arrian seine beiden Kronzeugen
aus Alexanders Lebenszeit, Ptolemäos I. und Aristobul, ausdrücklich als
Gewährsmänner nennt (2, 12, 5). Die Beisetzung des von seinem Satrapen
Bessos ermordeten letzten Perserkönigs in Persepolis und die Verfolgung der
Königsmörder weisen in die gleiche Richtung, ebenso daß er dem 326 besiegten Inderfürsten Poros „königliche" Behandlung zusicherte und sie verwirklichte – das alles angesichts der Geltung eines Kriegsrechtes, dessen
Härte später Caesar in seinem „Gallischen Krieg" durch den Germanen-
könig Ariovist eindrucksvoll darlegen ließ (1, 36, 1 ff.). Dem für Eroberungen großen Stils unentbehrlichen Heer widmete Alexander gleich seinem Vater und Vorgänger besondere Aufmerksamkeit, den aristokratischen „Gefährten zu Roß" wie den „Gefährten zu Fuß", deren Verbundenheit mit
ihrem Kriegsherrn, wie schon diese Bezeichnungen bezeugen, patriarcha-
lische Verhältnisse aus dem „griechischen Mittelalter", der Heldenwelt Ho-
mers, fortsetzte.

Alexander kannte die Kriegserfahrung und den Wagemut seiner Makedonen, dachte aber nicht daran, sie leichtfertig aufs Spiel zu setzen. So wies
er bei der Belagerung Milets den Vorschlag Parmenions, des – wie gesagt –
bedeutendsten Vertreters der älteren Generation, gegen die überlegene Perserflotte eine Seeschlacht zu riskieren, schroff ab (Arr. 1, 18, 6 ff.; vgl. auch
20, 1), und wie hier im Anfange seines Eroberungszuges hielt er es an dessen
Ende bei dem Marsch durch die Wüste von Belutschistan; die seltsame Vorstellung neuerer Gelehrten von einem durch den jugendlichen König hier
über die Armee verhängten „massenhaften Sterben" ist in allerjüngster
Zeit von K. Kraft in seiner (o. S. 7) bereits zitierten posthumen Abhand-
lung (S. 106 ff.) in überzeugender Beweisführung als Irrtum erwiesen worden [25]. Auf dieser Fürsorge beruht es nicht zuletzt, daß die Truppen ihrem
königlichen Heerführer fast schwärmerisch ergeben waren [26] und selbst in

hen werden, wie sein Gebet vor der Schlacht (Plut. Al. 33 nach Kallisthenes) zeigt. – Im
übrigen vgl. jetzt Krafts nachgelassene Studie mit dem bezeichnenden Titel: der „rationale" Alexander (Frankfurter Althistor. Studien 5., 1970); in ihr ist eine höchst dankenswerte und m. E. weithin überzeugende Auseinandersetzung mit der gegenteiligen Auffassung vorgelegt worden.

[25] In derselben Arbeit ist auf S. 11–42 die angebliche Mitwisserschaft Alexanders an der
Ermordung seines Vaters so schlüssig widerlegt worden, daß es überflüssig ist, hier nochmals auf diese zu Unrecht immer wieder diskutierte Frage einzugehen.

[26] Für die Größe ihrer Leistung sind die Berechnungen des Grafen York v. Wartenburg,
nach denen das Heer vom Aufbruch aus Makedonien bis zum Hyphasis etwa 18 000 km

den Krisen während des zweiten Abschnittes des Eroberungszuges immer
wieder zu ihm zurückfanden. Jedenfalls ist das makedonische Heerkönig-
tum am Nordrande – und bald inmitten – der ganz anders gearteten hellenischen Hochkulturwelt nicht zu verstehen, wenn man es nicht als ein weiter-
lebendes Herrschertum aus der Blütezeit der Heldensage und des Helden-
epos begreift. Von diesem Zeitalter hat sich, wie gesagt (o. S. 7), Alexander sein Ideal geholt: Achilles, den größten der griechischen Heroen vor
Troja [27]. Mit seinem schon erwähnten schlachtenentscheidenden Reiter-
angriff bei Chäronea 338 v. Chr. dokumentierte der 18jährige vor aller
Welt, wie nahe er dem Kriegsruhm seines bewunderten Vorbildes bereits
gekommen war. Wie der Achill der Sage ist Alexander niemals besiegt worden; daß er diesen militärischen Triumph nicht, wie einst J. Beloch meinte,
allein der Hilfe seitens der älteren Generation von makedonischen Heerführern verdankte, beweist die letzte seiner großen Schlachten auf asia-
tischem Boden, der Sieg über den Inderkönig Poros 326 v. Chr., den er ohne
Hilfe Parmenions erringen mußte. Als Meister der Kriegskunst lebt
Alexander in unserer verhältnismäßig reichen Überlieferung vor allem
weiter. In der Tat blieb das Kriegswesen in der Antike ziemlich stabil, so
daß Berichte über militärische Leistungen früherer Zeiten in ganz anderem
Maße lebendig und praktisch bedeutungsvoll wirkten als Schilderungen
staatsmännischer Leistungen, die rascher veralteten. Tatsächlich ist der beste,
zuverlässigste Gewährsmann für die Alexanderhistorie, der im 2. Jh. n.
Chr., also auf der Höhe der römischen Kaiserzeit lebende Flavius Arrianus [28], trotz reger philosophischer Interessen vor allem Kriegsmann gewesen; dementsprechend spielt in seinem Werk die militärische Leistung des

zurückgelegt hat, ein Maßstab; vgl. H. Bengtson, Griechische Geschichte, 4. Aufl. (1969),
S. 352. – Wenn man jemals Grund hatte, neben den großen Persönlichkeiten auch des
sog. kleinen Mannes zu gedenken, ohne den die Leistungen der „Herren" ja nie möglich
waren und sind, so gilt das für die Geschichte Alexanders d. Gr. in besonderem Maße.
[27] Demgemäß sind in einem Teil unserer Überlieferung Legenden eingefügt, die an Erleb-
nisse und Taten Achills erinnern, wie das Zusammentreffen Alexanders mit der Amazo-
nenkönigin u. a.; s. E. Mederer, Die Alexanderlegenden bei den ältesten Alexander-
historikern (1936).
[28] Sein Wert für die historische Erkenntnis liegt bekanntlich darin, daß er aus der reichen,
ihm bekannten Alexanderliteratur mit sicherem Blick und treffender Motivierung die an-
spruchsvollen Werke zweier Teilnehmer am Alexanderzuge, die des späteren Königs von
Ägypten, Ptolemäos' I., und des Aristobul als tatsachentreue Darstellungen ersten Ranges
zur Grundlage für seine eigene Alexandergeschichte erhob und daß er im Vorwort seines
Werkes dem Leser gewissenhaft darüber Auskunft gibt, woher er seine Kenntnisse nahm.
„Wenn das Bild des weltbezwingenden Königs der Nachwelt im Nebel des Romans nicht
verschwommen ist, wenn wenigstens die Umrisse noch deutlich hervortreten, ist das nicht
nur ein glücklicher Zufall, sondern vor allem die wackere, kernige Persönlichkeit des
bithynischen Römers ... das Verdienst": Ed. Schwartz, Paulys Realenzyklop. 2,1 (1895),
Sp. 1287, s. v. Arrianus 9; dazu Ed. Meyer, Hermes 33 (1898), S. 648 ff.

Makedonenkönigs die Hauptrolle [29]. Seit Augustus war die antike Welt politisch im Zeichen des römischen Prinzipats neu geordnet worden; die Ordnung, die Alexander im Namen der absoluten Monarchie angestrebt hatte, besaß damit für Arrians Zeit weithin nur historisches Interesse. Immerhin sind so viele Einzeltatsachen über sie bekannt geblieben, daß neben dem Feldherrn auch der Staatsmann Alexander für uns erkennbar gemacht werden kann. Beide Seiten seiner Persönlichkeit verlangen gleichmäßige Behandlung und Bewertung; wenn der Bestand des Quellenmaterials für die militärische Leistung des Makedonenkönigs erheblich bedeutender ist, so besagt das nicht, daß sich darin etwa Alexanders eigentliches Wesen spiegelte.

2.

„Um Epoche in der Welt zu machen, dazu gehören bekanntlich zwei Dinge: erstens, daß man ein guter Kopf sei, und zweitens, daß man eine große Erbschaft tue", hat Goethe am 2. Mai 1824 treffend zu Eckermann gesagt. Er verwies dabei auf historische Gestalten wie Napoleon, den Erben der Französischen Revolution, auf Friedrich d. Gr. und Luther. Auch für Alexander d. Gr. gilt, daß er auf eine „große Erbschaft" zurückgreifen konnte: das militärische und staatsmännische Wirken seines Vaters Philipp, der in nur 23 Jahren Makedonien zur Großmacht erhob und schließlich sogar zum Herrn über Hellas, das Herz der damaligen Kulturwelt, aufstieg [30]. Als Sieger von Chäronea 338 v. Chr. konnte er die wichtigsten Griechenstaaten im „Korinthischen Bunde" zwangsweise untereinander und mit Makedonien zusammenführen und für sich und seine Nachkommen die Stellung eines Hegemons von Hellas gewinnen. Die Mitglieder des Bundes wurden dazu verpflichtet, ihn mit dem unbeschränkten Oberbefehl für einen gemeinsam zu unternehmenden Rachekrieg gegen das trotz vieler Auflösungserscheinungen noch immer als bedeutsame Macht existierende Perserreich zu betrauen. Die Rache sollte vollzogen werden für ein fast

[29] Vgl. etwa 1, 12, 4 f.: „Es gibt keine zweite Persönlichkeit, die unter Hellenen und Barbaren der Menge wie der Größe nach so gewaltige und so ausgezeichnete Taten aufzuweisen hätte" (sc. wie Alexander), was dahin zusammengefaßt wird: „Er gehört zu den Ersten im Kriegshandwerk (τῶν ἐν τοῖς ὅπλοις)." – Was freilich durch Arrians Zielsetzung an Kenntnis der politischen Vorgänge verlorengegangen wäre, wenn wir sein Werk allein besäßen, läßt beispielsweise Plutarchs Bericht über Alexanders Maßnahmen zugunsten der Hellenen nach seinem Siege bei Gaugamela (Alex. 34) ahnen. – Für die methodischen Fragen ist nach wie vor grundlegend Droysens Historik (herausgegeben von R. Hübner 1937; darin auf S. 369 ff. das mit Recht berühmte Vorwort zur Geschichte des Hellenismus, Bd. 2 von 1843).
[30] Vgl. H. U. Instinsky, a.a.O., S. 11.

anderthalb Jahrhunderte zurückliegendes Ereignis, den großangelegten Angriffskrieg des Perserkönigs Xerxes gegen Hellas und vor allem Athen, dessen Heiligtümer damals besonders rücksichtslos zerstört worden waren.
Zwar wurden die Tempel auf der Akropolis unter Perikles glanzvoll erneuert. Aber den Gottesfrevel an den Persern zu rächen war nicht möglich gewesen. Die kriegerischen Auseinandersetzungen innerhalb der Staatenwelt des
klassischen Hellas um die Wahrung der Freiheit hatten vielmehr dazu geführt, daß der Perserkönig diplomatisch mehrfach in die Ereignisse hineingezogen wurde und sogar seine einstige Herrschaft über das altgriechische,
die Landschaften Äolis, Ionien und Doris umfassende Siedlungsgebiet an
der kleinasiatischen Westküste wiedergewann.

Jetzt machte sich Philipp als erwählter Hegemon der „Hellenen" auf,
dieses unnatürliche Verhältnis zu beseitigen. Eine makedonische Heeresabteilung überschritt den Hellespont und operierte im nordwestlichen Kleinasien
gegen die dort stehenden persischen Truppen. Die Ermordung des Makedonenkönigs brachte eine Unterbrechung des bereits begonnenen Feldzuges; es
gelang seinen Feldherren aber immerhin, den am Hellespont gewonnen
Brückenkopf in Asien zu behaupten.

Der erst zwanzig Jahre alte Kronprinz Alexander trat das politische Erbe
seines Vaters an, was erhebliche Schwierigkeiten im Gefolge hatte. Schon die
Thronbesteigung mußte durch hartes Zupacken gesichert werden. In Hellas,
wo sich die politisch maßgebenden Kreise in arger Verkennung der jugendlichen Energie des neuen Königs einer – wie sich bald zeigen sollte – ganz
unangebrachten Hoffnung auf Wiedergewinnung ihrer einstigen Bewegungsfreiheit hingeben zu können glaubten, mußte Alexander zweimal in rascher
Folge eingreifen, um seine verbrieften Erbrechte vom Synhedrion zu Korinth konzediert zu sehen. Das furchtbare Strafgericht über das aufständische, auf nichts als alten Kriegsruhm pochende Theben, das der Sieger
durch Mitgliedsstaaten des Korinthischen Bundes vollziehen ließ [31], sowie
die entgegenkommende Behandlung des im Grunde nicht weniger kompromittierten, dafür aber nach wie vor im Lichte der Kultursonne erstrahlende
Athen sicherten fürs erste die „Friedensordnung" [32], wie sie von Philipp
und dann von Alexander etwas anspruchsvoll benannt wurde. Der Beschluß,
den Rachekrieg gegen Persien zu führen, wurde bestätigt; die Mitglieder
des Korinthischen Bundes stellten einige Bundestruppen, die freilich zugleich
Bürgen für das Wohlverhalten ihrer Heimatstaaten bedeuteten. Trotzdem
hielt es der makedonische Bundesfeldherr der „Hellenen" für angebracht,

---

[31] Dabei ließ Alexander sich angelegen sein, die Zerstörung von Heiligtümern (anders als
   einst Xerxes) sowie des Hauses des berühmten Lyrikers Pindar zu verhindern.
[32] εἰρήνη:Arrian 2, 14, 6.

Philipps alterprobten General Antipater mit einer schlagkräftigen Streitmacht [33] in Makedonien zurückzulassen, schon um der Gefahr begegnen zu können, die von der zu erwartenden Gegenoffensive der starken persisch-phönikischen Flotte in Richtung auf die Ägäis und die Seemacht Athen [34] hin unstreitig drohte. Sparta, das den Beitritt zum Korinthischen Bunde verweigerte, war entschlossen, zu gegebener Zeit mit den Persern gemeinsame Sache zu machen, was dann tatsächlich eintrat. Demgegenüber erscheint es wie jugendliche Tollkühnheit, daß Alexander sich anheischig machte, mit seinem Landheer die feindliche Flotte durch Besetzung ihrer Stützpunkte und Häfen – vor allem in Phönikien – als militärischen Faktor auszuschalten. Gelingen konnte ein solches Vorhaben nur, wenn das Tempo des Vormarsches seiner zwar kleinen, aber dafür rasch beweglichen Armee die Pläne der persischen Gegner zu durchkreuzen gestattete. Alexanders Sieg in dem Reitertreffen am Granikosfluß 334 v. Chr. öffnete ihm den Zugang nach Kleinasien; Städte und Inseln Ioniens konnten befreit [35] und dem Korinthischen Bunde angegliedert werden. Im folgenden Jahre brachte ihm tief im Feindeslande die Schlacht bei Issos (nördlich von Iskenderun) den ersten gewaltigen Sieg über den Großkönig und die persische Reichsarmee und damit die Möglichkeit, ungehindert bis zu den persischen Residenzen im Osten vorzustoßen, war doch bereits 68 Jahre zuvor ein stattliches griechisches Söldnerheer siegreich bis vor die Tore Babylons gelangt [36]. Kriege pflegen im allgemeinen durch die Besetzung der feindlichen Hauptstadt entschieden zu werden, und Alexander fühlte sich, wie sein oben (S. 12) erwähnter Briefwechsel mit dem geschlagenen Darius beweist, bereits als Herr Asiens. Man kann mit Sicherheit sagen, daß ihm die Einnahme Susas und Babylons weniger Schwierigkeiten und Verluste bereitet hätte als die Besetzung Phönikiens und Palästinas mit den Belagerungen der Inselfestung Tyros und des persischen Bollwerks Gaza, das Ägypten deckte. Besaß der Sieger die gegnerischen Hauptstädte, dann war ein Krieg an der Küste des Reiches sowieso überflüssig.

Die Frage bleibt, wieso Alexander, dessen Jugend ihn für viele Betrachter als abenteuerfrohen Draufgänger erscheinen läßt, so verfuhr, wie er es tat.

[33] Es handelte sich um ein volles Drittel der makedonischen Elitearmee (14 000 Mann).

[34] Die hier herrschende Stimmung spiegelt der seit 337 anhängige, erst 330 verhandelte „Kranzprozeß", den Äschines, der Vertreter einer promakedonischen Politik, gegen Demosthenes anstrengte und geradezu schmählich verlor.

[35] Daß Alexander im befreiten Ephesos der Rache der demokratischen Bürger an ihren persisch gesinnten Oligarchen bald Einhalt gebot, wurde ihm, wie Arrian (1, 17, 12) zu berichten weiß, als besonders rühmlich angerechnet.

[36] Der „Hinaufmarsch" nach dem oberen Asien, den später Xenophon als Teilnehmer schilderte, und noch mehr der Rückmarsch zum Schwarzen Meer rückten die militärische Unterlegenheit des Perserreiches in helles Licht.

Man wird nur antworten können, daß für ihn offensichtlich Kriegführung nicht bloße Eroberung bedeutete, sondern ein streng methodisch angelegtes Verfahren, gewonnene Erfolge zu sichern und Rückschläge ein für allemal auszuschalten. Sich selbst und seine Fähigkeiten zu überschätzen, muß ihm weltenfern gelegen haben, nicht anders als den alterprobten Heerführern aus der Schule seines Vaters. Er respektierte die noch immer vorhandene persische Seemacht und blieb seinem Plan treu, ihre phönikischen Flottenbasen in seine Hand zu bringen; je höher sich hier die Schwierigkeiten türmten, desto hartnäckiger hielt er an seinem ursprünglichen Vorhaben fest. Von militärischer Seite [37] ist ihm vorgeworfen worden, er habe damit einen strategischen Fehler begangen, da er sich von seiner eigentlichen Zielsetzung ablenken ließ und in Gefahr geraten sei, daß ihm von einer neuen Perserarmee der Rückweg abgeschnitten würde. Die gesamte Anlage und Durchführung des Feldzuges mutet aber vom Anfang her so sorgsam durchdacht an, daß ein Tadel unangebracht erscheint. Auch steht das beanstandete Verfahren bei Alexander keineswegs allein da; man denke vor allem an den Abstecher von der west-östlichen Richtung des Zuges durch Iran nach Drangiana, bei dem der Flankenschutz, also größtmögliche Sicherheit, als Grund erkennbar ist [38]. Krieg führen bedeutete für den Makedonenkönig nicht allein Befriedigung einer abenteuernden Lust an der Gefahr und Erprobung sieggewohnter Kraft. Der Erfolg war ihm – was zu den oben (S. 12) charakterisierten Eigentümlichkeiten seiner „rittermäßigen" Daseinsauffassung bestens stimmt – ein Gottesurteil, wie er es für die Granikosschlacht und für Issos in seinem Brief an Darius III. ausdrücklich bekundet (Arrian 2, 14, 7), und das besagte bei ihm, daß er sich durch streng methodisches, seinem Verantwortungsbewußtsein Genüge leistendes Vorgehen als der göttlichen Gnade würdig zu erweisen bestrebt war. Daß die siebenmonatige Belagerung von Tyros, „was Energie und Schneid des Angriffs betrifft, von keiner anderen Belagerung der Weltgeschichte übertroffen ist", hat als sachverständiger Beurteiler E. Schramm festgestellt [39].

Einst hatte Isokrates König Philipp empfohlen, die Parole der Freiheit, die Hellas wiederholt in schweren Krieg gestürzt und die Reiche der Athener und der Spartaner aufgelöst hatte, unter die Barbaren zu werfen [40]. Jetzt

[37] M. Graf York von Wartenburg, Kurze Übersicht der Feldzüge Alexanders d. Gr. (1897), S. 31 f.

[38] Gerade hier tritt uns der junge Heerführer – mit K. Kraft zu reden – als der „rationale" Alexander vor Augen.

[39] In Kromayer-Veith, Heerwesen und Kriegführung der Griechen und Römer (1928), S. 218. Jetzt ist von K. Kraft (a.a.O., S. 69 ff.) eine eingehende und überzeugende Widerlegung moderner Vorwürfe gegen Alexanders Strategie vorgelegt worden, auf die hier verwiesen sei.

erschien Alexander als Befreier vom Druck der persischen Herrschaft, die wirklich ablösungsreif war[41]. Für kein anderes orientalisches Untertanenland galt dies mehr als für die Heimat des alten Hochkulturvolkes der Ägypter, das nach dem Falle Gazas in Memphis dem Makedonenherrscher zujubelte und ihm die Pharaonenkrone und damit göttliche Würde im Bereiche des Nillandes verlieh. Die Gründung Alexandrias, durch die das zuvor (und in islamischer Zeit wieder) kontinental orientierte Nilland für fast ein Jahrtausend sein Antlitz dem Meere zuwenden sollte, war nicht nur ein Zeugnis für den erstaunlichen Scharfblick des jugendlichen Eroberers, der hier die Stelle für eine Welthandelsstadt allerersten Ranges entdeckte, sondern zugleich eine Maßnahme, die – wie später die Herrschaft Ptolemäos' I. und seiner Nachfolger zeigte – die Verbindung Ägyptens mit der griechischen Welt weit über das bisherige Maß hinaus intensivieren mußte[42] und gewiß auch sollte. In der Tat erschienen bei Alexander Gesandte der hellenischen Schutzmacht des seit alters weitberühmten Orakels im Ammonion der Oase Siwa, die für die Griechenstädte der Kyrenaïka ihm huldigten. Damit war der Machtbereich des Siegers von Issos und Tyros bis an die Grenze des Imperiums der Karthager ausgeweitet worden. Es war selbstverständlich, daß Alexander, für den – nach seinen Worten vor dem Beginn der Belagerung von Tyros (Arr. 2, 17, 4) – erst die Gewinnung Ägyptens alle Sorgen wegen der unsicheren Lage in Hellas behob, nunmehr das zu seiner Zeit weniger in der orientalischen als in der griechischen Welt hochangesehene Orakel des Zeus Ammon in der Oase Siwa aufsuchte.

Während seines ebenso jugendlich-kühn wie gereift-umsichtig durchgeführten „großen Manövers" bekundete der Sieger öffentlich mehrfach, daß er sich ausdrücklich als den Feldherrn des Hellenenbundes betrachte, der – durch seine Dynastie selbst Hellene – den Feldzug auf Grund der Beschlüsse von Korinth führe und deshalb gegen hellenische Mitstreiter der persischen „Barbaren" teils selbst mit strengen Ahndungen verfahre, teils durch das Synhedrion der Hellenen in Korinth vorgehen lasse[43]. Von Gebietserwer-

---

[40] Phil. 104. Vgl. auch § 154: Die Barbaren werden Philipp Dank wissen, wenn sie durch ihn, von barbarischer Despotie befreit, „hellenischer" Fürsorge teilhaftig werden können.

[41] Man denke an den Schlußabschnitt von Xenophons Kyrupädie, der vom Autor, dem Teilnehmer am „Zuge der 10 000", ausdrücklich als getreues Abbild der Wirklichkeit bezeichnet wird.

[42] Als „Stütze der makedonischen Herrschaft" hat schon B. Niese, Geschichte der griechischen und makedonischen Staaten 1 (1893), S. 85, die neugegründete Alexanderstadt bezeichnet. U. Wilcken bezweifelt zu Unrecht, daß die Gründung Alexandrias zugleich einem militärischen Zweck diente, konnten doch einst in dieser Gegend Insurgenten gegen die Persermacht wie Amyrtäos sich lange Zeit behaupten. S. u. S. 20 und 34.

[43] Vgl. besonders Arrian 1, 16, 6 f., und die Inschrift von Chios (M. N. Tod, A selection of Greek historical inscriptions 2, 1948, S. 263 ff., Nr. 192).

bungen war im Bundesvertrag nicht die Rede, auch nicht von einer Teilung
der persischen Beute zwischen den Makedonen und ihren griechischen Bun-
desgenossen. Aus Alexanders späterem Verhalten in Persepolis (Arr. 3, 18,
12) ist zu entnehmen, daß der Racheauftrag für ihn erst erfüllt war mit der
Einnahme sämtlicher persischen Königsresidenzen. Wann und auf welchem
Wege sie erfolgen sollte, lag völlig in der Kompetenz des Bundesfeldherrn
und seiner ganz überwiegend makedonischen Armee. Mit dieser gewann er
allerdings nach dem Rechte des Siegers die von ihm siegreich durchzogenen
persischen Reichsländer für seine Herrschaft, womit immer stärker sichtbar
wurde, daß Alexander tatsächlich neben dem Rachekrieg einen gigantischen
Eroberungskrieg führte. Der bereits mehrfach erwähnte Briefwechsel mit
Darius III. zeigt beides; der Makedone stellte demnach schon nach Issos an
den Perserkönig ganz offen die Forderung, dieser habe sich ihm als sein Untertan zu unterwerfen. Er konnte überzeugt sein, daß er mit seinem Ansinnen bei den stolzen Orientalen nicht durchdringen würde; der Schlußpassus
seines Schreibens läßt es deutlich erkennen, ebenso freilich, daß er aufs neue
die Schlachtenentscheidung über das Schicksal des Perserreiches suchen würde.
„Dem Sieger die Beute" – so lautete ganz offensichtlich Alexanders De-
vise; daß unter ihr jedoch nicht die Aufrichtung einer neuen Gewaltherr-
schaft orientalischen Stils zu verstehen war, hatte seine Behandlung der bis
dahin unterworfenen Länder und ihrer Bewohner erwiesen. Angesichts der
beschränkten Zahl seiner Streiter war Vorsicht für ihn in erhöhtem Maße
notwendig, um gefährliche Rückschläge zu vermeiden. Der Gegner war nach
wie vor der persische Großkönig, dem er, wie gesagt (S. 12), die Chance
eines abermaligen Kampfes eingeräumt hatte. Mit dem Frühjahr mußte er
den Vormarsch nach Vorderasien antreten [44]. So verzichtete er nach seiner
feierlichen Inthronisation zu Memphis auf den Besuch des – gerade im Win-
ter klimatisch sehr verlockenden – oberägyptischen Niltales und wandte
sich statt dessen nach Norden. Die Stadtanlage, der Alexander bezeichnenderweise seinen Namen gab, ließ in ihrem Ausmaß bereits erkennen, welche
Bedeutung ihr zugedacht war; neben ihr mutete Athen im 3. vorchristlichen
Jahrhundert winklig, altertümlich und provinziell an [45]. Schon die geogra-
phische Lage der Neugründung erhebt es fast zur Gewißheit, daß in ihr die
Hauptstadt des künftigen Alexanderreiches erstand [46].
Wie diese Tat des jugendlichen Königs auf die Zukunft hinwies, so ist

---

[44] Vgl. dazu K. Kraft, a.a.O., S. 69 ff.
[45] Vgl. Heraklides' Reisebilder (hrsg. von F. Pfister, Sitzungsber. der österr. Akad. d. Wiss.
227, 2, 1951, S. 72).
[46] Vgl. die bei W. Schubart, Art. Alexandria, im Reallexikon f. Antike und Christenum 1
(1950), Sp. 271 ff., gesammelten Quellenstellen.

offenbar auch sein Besuch des Ammonsorakels in der Oase Siwa geschichtlich
einzuordnen. Es ging um seine Armee, die es Alexander ermöglichte, aus seinen Plänen Wirklichkeit werden zu lassen. Sie stand vor der schwersten Bela-
stungsprobe gegenüber einer Übermacht, die von Alexander nicht unter-
schätzt wurde. So lag ihm am Herzen, für die Zukunft den Spruch des
höchsten Gottes, des seit dem 7. vorchristlichen Jahrhundert in Hellas mit
dem ägyptischen Ammon gleichgesetzten Zeus zu erhalten, galt doch dieses
Orakel, dessen Priester sich einst dem Bestechungsversuch des Siegers im
Peloponnesischen Kriege, des Lysander, mutig und wirkungsvoll wider-
setzt hatten, vielen Hellenen, nicht zuletzt den Athenern [47] allein noch für
zuverlässig, seitdem die Pythia des Apollo von Delphi durch die Einbezie-
hung dieses Heiligtums in den Machtbereich Makedoniens den Nimbus der
Unabhängigkeit einbüßte [48]. Für den Eindruck, den Alexander auf Hellas
und vor allem auf Athen zu machen strebte [49], war es natürlich nicht gleich-
gültig, daß auch er – freilich auf einem erheblichen Umwege – in der Lage
war, das Ammonsorakel aufzusuchen und zwar in einem viel eindrucksvolle-
ren Aufzuge, als es einem der Hellenenstaaten damals möglich gewesen
wäre. Daß er mit dem größten Teil seines Heeres nach Siwa gekommen sei,
ist jetzt mit Recht bestritten worden [50]. Immerhin waren es mindestens tau-
send militärische Begleiter (darunter Ptolemäos), die er zum Ammonion
mitnahm, und das mit voller Absicht [51]: einmal zur Ehrung des Gottes und
seines Heiligtums, zum anderen, um dem Unternehmen für die Armee einen
möglichst eindrucksvollen Öffentlichkeitscharakter zu verleihen. Die leb-
hafte Diskussion über die wirklichen Vorgänge im Ammonsorakel hat einen
festen Punkt in den divergierenden Quellenaussagen aufzeigen können: Der
erst 25jährige König ist – was vor ihm keinem Besucher gestattet war –
ohne Wechsel seiner Reisekleidung unmittelbar, wie nur ein Sohn zum Vater,
in das eigentliche Heiligtum eingetreten, und die bei Plutarch 27 (in richtiger
Reihenfolge) nach den Schriften der „Meisten" (πλεῖστοι) aufgeführten
drei Anfragen Alexanders an den „Propheten" des Zeus-Ammon fügen

[47] Die bereits zu Philipps Zeiten ein neues Staatsschiff mit dem Namen Ammonias in
Dienst gestellt hatten (Aristoteles, Staat der Athener 61, 3).

[48] Bekanntlich widerriet Demosthenes den Athenern eine Befragung der delphischen Pythia
mit dem Hinweis, sie sei „philippisch gesinnt": Äschines 3, 130. – Lysander und die
Ammonspriester: Plut. Lys. 20. 25 (nach Ephoros).

[49] Dieses Streben ist ein Erbstück von seinem Vater Philipp gewesen (s. dessen Ausspruch
bei Plutarch, Apophth.: Phil. 11, p. 178 A).

[50] K. Kraft, a.a.O., S. 73 ff.

[51] Die Wendung: *cum iis, quos ducere secum statuerat* bei Curtius Rufus 4, 7, 9 läßt (gegen
Kraft, a.a.O., S. 73) nur diese Deutung zu. Andernfalls müßte man ein *„solum"* o. ä.
erwarten.

sich bestens in die allgemeine Sachlage ein [52]. Die erste will feststellen, ob er
die Rachepflicht des Sohnes für den ermordeten Vater erfüllt habe, was die
Antwort herausfordert, er habe keinen sterblichen Vater. Alexander wiederholt die Frage nun in der Form, daß er Auskunft darüber wünscht, ob
Philipps Mörder sämtlich bestraft seien, was vollauf bejaht wird. Und nun
kommt das wichtigste [53] Anliegen zur Sprache: ob Zeus-Ammon Alexander
die Herrschaft über alle Menschen verleihe [54]. Auch das wird gewährt, und
der königliche Besucher bedankt sich mit prachtvollen Weihgeschenken für
den Gott sowie mit Geldspenden für die Oasenbewohner. Daß bei Arrian 3,
4, 5 Alexander nur erklärt, er habe „gehört, was ihm nach seinem Sinn sei",
entwertet den Bericht Plutarchs nicht, ist doch offiziöse Schweigsamkeit über
ein wichtiges Vorkommnis das beste Mittel dafür, es „unter die Leute zu
bringen" [55]. Es ist kein Zweifel daran möglich, daß die Zeus-Sohnschaft bei
Alexanders Besuch im Ammonion eine Rolle gespielt hat. Das lehrt die
Überlieferung und in ihr vor allem Plutarchs Bericht über das Gebet des
Königs vor der Schlacht bei Gaugamela Alex. 33), als er beim Abreiten seiner Front zu den hellenischen Truppen, namentlich den thessalischen Reitern
kam; dieser Bericht ist nach Plutarchs eigener Angabe dem Werk von Alexanders Hofhistoriographen Kallisthenes entnommen. In dem Gebet richtet
der Makedonenherrscher, der, wie erwähnt (o. S. 18), in den Schlacht-
entscheidungen Gottesurteile sah, die feierliche Bitte an die Götter, den
Hellenen zu helfen, „wenn er wirklich Sohn des Zeus sei". Bei dieser Beru-
fung auf seine unmittelbare Abkunft von Zeus [56] mußte jedem Hörer sofort
der Zug zum Ammon in Siwa vor die Seele treten; dementsprechend rief die
Armee nach ihrem glorreichen Siege ihren Anführer noch auf dem Schlacht-

---

[52] Anders Kraft, a.a.O., S. 29 ff.
[53] Meine frühere Auffassung im Reallexikon Antike und Christentum 1, Sp. 266 (Artikel
Alexander III. d. Große) halte ich nicht mehr aufrecht.
[54] Wenn E. Mederer (Die Alexanderlegenden, 1936, S. 65 f.) gegen U. Wilcken einwendet,
Alexander habe im Frühjahr 331 v. Chr. noch nicht an Weltherrschaft denken können,
und die Prophezeiung einer solchen durch den Oberpriester sei „nichts weiter als ein
oraculum ex eventu", so setzt er damit etwas voraus, was durch die wissenschaftliche
Quellenkritik erst noch zu erweisen ist.
[55] Gegen H. Bengtson, Griech. Geschichte⁴ (1969), S. 344.
[56] Nur um diese geht es, nicht um die Abstammung der Argeadendynastie von Zeus, wie
K. Kraft für möglich hält. Zu meinem Bedauern kann ich mich seinen Ausführungen
a.a.O., S. 61 ff., zumeist nicht anschließen. Zu einer eingehenden Auseinandersetzung ist
hier nicht der Ort. Bemerken muß ich nur, daß schon in der Ilias die Götter in der Regel
nicht durch Wunder, sondern durch Förderung der Helden die Siege verleihen, genau wie
es Alexander in seinem Gebet erbittet. – Erinnert sei auch daran, daß Kleitarch (gegen
die wirkliche Chronologie) die Gründung Alexandrias durch Alexander erst *nach* dessen
Zug zum Ammon erfolgen ließ, damit die Stadt einem Zeussohn ihre Entstehung verdankte. Auch hierin gibt sich zu erkennen, daß bei diesem Zuge die Gottessohnschaft des
Königs als besonders wichtige Tatsache erscheint.

felde zum „König von Asien" aus. Die Prophezeiung des Orakels hatte sich erfüllt; daß der Oberpriester sich mit ihr nicht geirrt hat – und zwar für die gesamte Lebenszeit des nie besiegten Alexander –, könnte auch uns mit anerkennender Bewunderung erfüllen. Jedenfalls sollte Gaugamela die Probe aufs Exempel sein und ist es tatsächlich in einem für Alexander positiven Sinn geworden [57]. Mit Recht konnte man nach diesem Erfolg die Herrschaft der Perser als vollständig aufgelöst ansehen (Plut. Alex. 34); dem einstigen Großkönig blieb nur noch die Flucht. Das Riesenreich mit seinen Schätzen lag als Beute vor den Augen des Siegers.

Daran, daß in diesem geschichtlichen Augenblick der junge Makedonenherrscher seinen Feldzug erneut ganz ostentativ als den antibarbarischen Rachekrieg der Hellenen für die Heerfahrt des Ostens unter Xerxes gegen den Westen hinstellte, kann kein Zweifel sein. Plutarch hat (Alex. 34) die Kunde von den wichtigen Maßnahmen bewahrt, die Alexander nach dem Siege für Hellas voller Stolz anordnete. Dem Synhedrion zu Korinth schrieb er in Fortführung früherer Anordnungen – wie im Falle der Insel Chios (s. o. S. 19, Anm. 43) –, alle Tyrannenherrschaften sollten aufgelöst werden, und man solle in allen Staaten nach eigenen Gesetzen leben. Im besonderen ermutigte er die Platäer, sie sollten ihre (von den Thebanern zerstörte) Stadt wieder aufbauen, hätten ihre Vorfahren doch einst (479 v. Chr.) den Hellenen ihr Land zur Verfügung gestellt, damit diese dort gegen die Perser für die Freiheit kämpfen konnten. Auch Kroton in Unteritalien erhielt einen Teil der persischen Beute, weil ein durch mehrfache Siege bei den Pythischen Spielen in Delphi berühmt gewordener Bürger dieser Stadt, Phayllos, mit einem eigenen Kriegsschiff 480 v. Chr. nach Salamis gesegelt war, um dort am Freiheitskampfe teilzunehmen. Wie Alexander durch diese Anordnungen seinen Sieg bei Gaugamela, der angesichts der relativ geringen Verluste der Makedonen [58] besonders glanzvoll erschien, mit den Ereignissen des Xerxeszuges in engste Beziehung brachte, so näherte sich der Rachezug seinem

---

[57] Auch Alexanders Seher Aristander, der aus der Mondfinsternis in der Nacht vom 20. zum 21. September 332 einen Sieg der Makedonen herausdeutete, sah sich gerechtfertigt. – Zu den Ausschmückungen, die Alexanders Orakelbefragung im Ammonion mit dem Schleier des Wunderbaren verhüllen sollten, gehören unstreitig die Erzählungen von Gefahren des Wüstenzuges; in Wirklichkeit handelte es sich um einen vielbegangenen Karawanen- und Wallfahrtsweg, der von Parätonion aus in etwa zwölf Tagen zu bewältigen war (U. Wilcken, Alexander d. Gr. 1931, S. 113), aber dabei im allgemeinen keine übermäßigen Schwierigkeiten aufwies. Daß für die bei Diodor 17, 51 geschilderten Prozessionen im Ammonion gar kein Platz zur Verfügung stand, hat die Untersuchung der Ruinen erwiesen, s. G. Steindorff u. a., Ägypt. Ztschr. 69 (1933), 1 ff.; F. Oertel, Rhein. Museum 89 (1940), S. 66 ff.; sie verdanken also der Fabulierkunst namentlich Kleitarchs ihre Einführung in die Alexandergeschichte.

[58] Arr. 315, 2 und 6.

Ende, als sich – gegen die Erwartungen des Siegers [59] – von den vier persischen Königsresidenzen zuerst die noch immer riesige Stadt Babylon, dann
(mit ihrem großen Schatzdepot) die eigentliche Reichshauptstadt Susa frei-
willig ergaben. Mit den Beutestücken, die Xerxes anderthalb Jahrhunderte
zuvor aus Griechenland als Zeichen seiner angeblichen Siege nach Susa hatte
überführen lassen und die nun in Alexanders Hand fielen, sandte dieser
bezeichnenderweise gerade auch die von Antenor geschaffene Gruppe der
Erzstatuen des Harmodios und Aristogeiton, der sog. Tyrannenmörder, die
als Begründer der attischen Demokratie galten, nach Athen zurück [60]. Natürlich sollten diese Maßnahmen in Alexanders Sinn zugleich auf die politische
Stimmung in Griechenland einwirken, wo Sparta einen Verzweiflungskrieg
gegen die makedonische Herrschaft begonnen hatte und in Athen noch der
große, von dem Makedonenfreunde Äschines angestrengte Prozeß gegen die
Außenpolitik des Demosthenes anhängig war. Aber der König wollte keinen
Zweifel darüber lassen, daß er sich nach wie vor an seine Vereinbarung mit
dem Hellenenbunde in Korinth gebunden fühlte. Das Festhalten an einmal
getroffenen Vereinbarungen ist bei ihm ein sehr bezeichnender Charakter-
zug; in dieser Hinsicht unterscheidet er sich vor allem von Parmenion, wie
sich bereits bei der Aussprache über Darius' III. Angebot nach Issos, alles
Reichsgebiet westlich des Euphrats abzutreten (o. S. 10), klar gezeigt hatte.

3.

Noch waren zwei weitere Königsresidenzen, Persepolis und Ekbatana,
nicht in der Hand Alexanders. Erst wenn sie gewonnen waren, konnte von
vollzogener Rache die Rede sein. Tatsächlich hat der König beide Plätze auf-
gesucht, obwohl die Truppen dafür rund 1200 km zurückzulegen hatten. Er
wußte, daß der größte Teil der persischen Königsschätze im fernen Persepolis lagerte, und hat sich ihrer in ebenso raschem wie hartem Zugreifen be-
mächtigen können [61]. Aber so wichtig für ihn die finanziellen Angelegenhei-
ten waren und sein mußten, so wenig erschöpfte sich sein strategisches und
politisches Wollen und Planen in der Rücksicht auf sie. Das zeigte sich im
Brand des Palastes von Persepolis, für den er als 26jähriger vor der Ge-

---

[59] Arr. 3, 16, 3.
[60] ₁Arr. 3, 16, 7 f. (offenbar chronologisch richtige Einordnung, weil sie zu dem bei Plut. 34
    erwähnten Erlaß Alexanders gegen die Tyrannenherrschaften paßt. Gegen die davon ab-
    weichende Stelle Arr. 7, 19, 2 spricht, daß das Verhältnis Alexanders zu Athen gegen
    Ende seines Lebens gespannt war; s. u. S. 47 f.
[61] Arr. 3, 18, 10.

schichte die Verantwortung übernahm und trägt. Unsere nicht eben unzureichende Überlieferung spricht über diese Tatsache ganz einhellig und eindeutig, und zwar in den beiden Gruppen, in die sie bekanntlich zerfällt. Letztere sondern sich voneinander nur nach dem Motiv, das man hier bei Alexanders Maßnahme voraussetzt. Die eine sieht überlegte, klare politische Absicht am Werk, die andere ihr Gegenteil, ein reines Walten des Zufalls [62]. Nachdem bereits der Inaugurator der modernen Alexanderforschung, der geniale Johann Gustav Droysen, mit kritisch geschärftem Blick die richtige Entscheidung getroffen hatte [63], ist die Diskussion trotzdem bis in unsere Tage hinein immer wieder erneuert worden – wirklich kein Ruhmesblatt der historischen Wissenschaft. Die sich auf die Werke Ptolemäos' I. und Aristobuls, zweier prominenter Teilnehmer am Alexanderzuge, stützende kurze Schilderung Arrians (3, 18, 11 f.) enthält nur die Tatsache, daß Alexander den persischen Königspalast in Flammen aufgehen ließ, nach einem abermaligen Disput mit Parmenion, der den imposanten Bau zu erhalten riet. Seine Begründung, dieser sei bereits Eigentum des Makedonenkönigs, und seine Zerstörung würde in den Augen der Asiaten bedeuten, daß der makedonische Eroberer nur um eines Triumphes willen, nicht aber als neuer Herrscher gekommen sei, fand bei seinem Fürsten keine Billigung. Alexander berief sich nachdrücklich auf seinen Auftrag vom Hellenenbunde, die Rache für die frevlerischen einstigen persischen Übergriffe und Verwüstungen in Hellas, namentlich in Athen, endlich vollziehen zu sollen, eine Rache, die natürlich nach dem harten heidnischen Talionsrecht genommen werden mußte. Ihm schienen Bauten des riesigen Palastkomplexes von Persepolis, der an räumlicher Ausdehnung nahezu dreimal so groß wie die geheiligte Altis von Olympia war und in der Hauptsache von Darius I. und Xerxes errichtet wurde, das geeignete Objekt zu sein. Die Angaben Arrians erweisen sich schon dadurch als zutreffend, daß er (§ 12 Schluß) – als Sohn eines um rund ein halbes Jahrtausend späteren Zeitalters – im Anschluß an seinen Bericht anachronistisch sowohl Alexanders Rachetat wie ihre Motivierung persönlich klar mißbilligt. Es handelt sich bei beidem also um geschichtliche Wirklichkeiten. Zugleich ergibt sich, daß der König schon seinem Range, aber auch seiner Überzeugung nach als erster in den Wunderbau den Feuerbrand warf, der die Größe des Sieges wie die Verbundenheit des Rächers mit Hellas bzw. Athen symbolisieren sollte. – Die durch Plutarchs „Alexander" (38), Dio-

---

[62] „Ein trunkener Einfall": Formulierung von G. Walser, Zur neueren Forschung über Alexander d. Gr., Schweizer Beiträge zur Allgemeinen Geschichte 14 (1956), S. 156. Der als Forschungsbericht sehr dankenswerte Aufsatz wagt nicht, eine Entscheidung zu treffen.

[63] Geschichte Alexanders d. Gr., 2. Aufl., 1877, S. 361, Anm. 1.

dor (17, 72) und Curtius Rufus (5, 7. 1 ff.) repräsentierte zweite Überlie-
ferungsgruppe [64] kennt eine Auffassung der Vorgänge wie die von Arrian
bevorzugte durchaus; wie hier spielt auch dort die Zweiheit „Entscheidung
Alexanders" und „Rache für Athen" eine ausschlaggebende Rolle [65]. Aber
von dem Gegensatz der Auffassungen zwischen der jüngeren Generation und
der älteren, also Alexander und Parmenion, zu dem, wie erwähnt, noch
Arrian kritisch Stellung nahm, ist in der zweiten Gruppe überhaupt nicht die
Rede. Statt dessen steht im Mittelpunkt des Geschehens eine Athenerin, die
Alexander (mit Hilfe des Weines) dazu animiert, die Rache für Hellas und
Athen sichtbar durch Verbrennung des Xerxespalastes zu vollziehen, in dem
man feierte, und die damit begeisterte Zustimmung findet. Es handelt sich
bei ihr nicht um eine beliebige Persönlichkeit, sondern um die gebürtige
Athenerin Thaïs, die damals bereits in hohem Ansehen stand [66] und später
„Gefährtin" Ptolemäos' I. wurde, dem sie Kinder schenkte; ihre Tochter
mit dem bedeutungsvollen Namen Eirene („Friede") aus dieser morgana-
tischen Ehe wurde dann Gemahlin des Königs Eunostos von Soloi auf Cy-
pern [67]. Das Beginnen, zu dem Thais den Makedonenkönig im Namen von
Athen und Hellas aufruft, ist keine Untat, vielmehr die schönste unter den
Taten Alexanders; dessen Siege haben die Kraft des Perserreiches so völlig
gebrochen, daß jetzt (schwache) Frauenhände in die Lage versetzt sind, die
rächende Brandfackel in den Prunkpalast des Xerxes zu werfen, ohne
irgendeine Gegenwehr zu finden. Der Leser muß jedoch zu seinem Erstaunen
feststellen, daß dieses Vorhaben der Thais nicht von ihr verwirklicht wird,
sondern doch wieder durch den königlichen Sieger Alexander. Thais vermag
ihn zur Tat nur zu animieren; der Vollzug erfolgt durch ihn, der, wie ausdrücklich betont wird, als erster die Fackel ins Gebälk schleudert; die Hetäre
wirft „als erste nach dem König" (Diod. 17, 72, 6) ihren Feuerbrand. Das
paßt nun wirklich schlecht zu der Schlußbemerkung bei Diodor (a.O.), das
Unerwartetste von allem [68] sei gewesen, daß den Frevel des Perserkönigs

---

[64] Zum Verhältnis der Erzählungen des Plutarch, Diodor und Curtius zueinander vgl. jetzt
J. Rehork in der Festschrift für F. Altheim: „Beiträge zur Alten Geschichte und deren
Nachleben" (hrsg. von R. Stiehl u. H. E. Stier, 1969), S. 254.

[65] Die Alexandergeschichte des Curtius Rufus ist besonders hier eine bloße Vergröberung
des von Plutarch und Diodor gegebenen Bildes und haßerfüllte Tendenzschrift gegen den
„trunkenen Monarchen". Bekanntlich ist der Name Athen bei ihm unterschlagen worden;
immerhin ist der Rachegedanke für Griechenland auch bei seiner Darstellung das vor-
herrschende Motiv. Vgl. E. Mederer, Die Alexanderlegenden (1936), S. 73 f.

[66] Plut. Al. 38: εὐδοκιμοῦσα μάλιστα – bei Curtius 5, 7, 4 ein *ebrium scortum!*

[67] Athen. 13, 576 e; Fiehn in Paulys Realenzyklop. der klass. Altertumswiss. 10 (1934),
1184 f., s. v. Thais.

[68] τὸ πάντων παραδοξότατον. – Bei Plut. Alex. 38 wird von dem Aufruf der Thais
erklärt, er ziemte sich für das Ethos ihrer Vaterstadt (Athen), habe aber über ihren
Stand hinausgewiesen (!). Der Autor ist ehrlich und belesen genug, am Ende seines Be-

Xerxes gegen die Akropolis von Athen eine attische Bürgerin aus der einst betroffenen Stadt „gleichsam spielend" viele Jahre später durch gleiches Leid gerächt habe, und zu dem Ausruf der Thais bei Plutarch (Alex. 38), es solle von ihrer Tat aus die Erzählung zu den Menschen dringen, daß schwache Weiber im Gefolge Alexanders für Hellas härtere Rache an den Persern genommen hätten als dessen Admiräle und Generäle. Für den kritischen Blick ergibt sich, daß in eine sachliche Überlieferung – die Verbrennung des Palastes durch Alexander – ein romanhaftes Element gewaltsam eingefügt worden ist, das sich selbst als Fremdkörper in ihr zu erkennen gibt. Die Absicht war offenkundig, der mit Ptolemäos I. verbundenen Thais zu schmeicheln. Aus einer wichtigen Bemerkung bei Athenäos (13, 576 e) erfahren wir, daß Kleitarch von Alexandria [69] in seiner Alexandergeschichte die Thais als Urheberin der Verbrennung des Königspalastes von Persepolis hingestellt hat. Nachdem Alexanders Hofhistoriker Kallisthenes damit vorangegangen war, den König zu vergöttern [70], dehnte eine nicht ungewandte pseudohistorische Geschäftigkeit diese schmeichlerische Tendenz auch auf Gestalten seiner Umgebung aus. Wir besitzen Notizen genug über Kleitarchs Historiographie, um feststellen zu können, daß in ihr eine „Ptolemäos huldigende Haltung" [71] ganz unverkennbar ist. Zur Erreichung seiner Absichten tat der Autor in nicht wenigen Fällen unbedenklich den Fakten Gewalt an, so wenn er, wie oben (S. 22) erwähnt, die Gründung von Alexandria, der späteren Residenz der Ptolemäer, in die Zeit nach Alexanders Besuch im Ammonion verlegte, damit ein Sohn des höchsten Gottes, des Zeus-Ammon, Gründer der Stadt wurde, die damit schon alle übrigen Städte überragen sollte, oder wenn er [72] gar Ptolemäos an Alexanders gefährlichem Abenteuer in der indischen Mallerstadt persönlich beteiligt sein ließ, was dieser später ausdrücklich in Abrede gestellt hat [73]. Kleitarch hat am Alexanderzuge nicht teilgenommen [74], was ihm sein Fabulieren natürlich erleichterte. Man kann heute den

---

richtes mitzuteilen, daß nur ein Teil der Überlieferungen die Verbrennung des Xerxes-palastes als Folge dionysischer Trunkenheit geschehen sein läßt, der andere hingegen von bewußter Absicht Alexanders spricht (ἀπὸ γνώμης).

[69] Die Heimatangabe ist bei Philodem erhalten; vgl. F. Jacobys „Fragmente der griechischen Historiker" Nr. 137 T 12, mit Kommentar (S. 485).

[70] ἀποθεοῦν: Polybios 12, 23.

[71] F. Jacoby, a.a.O., Kommentar zu Nr. 137 F 24, S. 495 oben; Curtius 9, 8, 22 (sicherlich auf Kleitarch zurückgehend).

[72] Curt. 9, 5, 2 (Nr. 138, F 26 b Jac.); Arrian 6, 11, 7 f. (a.a.O., F 26a Jac.) – Für die Prozessionen, die der auf Kleitarch zurückgehende Diodor (17, 51) schildert, ist nach den Ergebnissen der modernen Durchforschung der Reste der alten Heiligtümer in der Oase Siwa an Ort und Stelle kein Platz vorhanden: s. o. S. 23, Anm. 57.

[73] Arrian 6, 11, 8.

[74] Diod. 2, 7 (Nr. 137 F 10 Jac.): „Kleitarch und einige von denen, die später mit Alexander nach Asien hinübergingen"; vgl. auch Arrian, Proömium 2.

historischen Wert seiner Mitteilungen nicht nach persönlichen Eindrücken
oder „innerer Wahrscheinlichkeit [75]" bemessen, sondern nach den nüchter-
nen Regeln der methodischen Quellenkritik. Für letztere steht seit langem
fest, daß die schon aus der Antike herrührenden begründeten Zweifel urteils-
fähiger Köpfe wie namentlich Cicero und Quintilian an der Wahrheitsliebe
Kleitarchs nicht aus der Luft gegriffen sind [76]. Die These, daß Ptolemäos' I.
Werk über den Alexanderzug die notwendige nüchtern-sachliche Antwort
auf die theatralische Darstellung des Alexandriners gewesen sei, ist gut begründet. Mit vollem Recht hat bereits Droysen auf die Parallele hingewiesen [77], die für die Geschichte des Rußlandfeldzuges Napoleons 1812 das
Gegenüber der panegyrischen Darstellung des Grafen Ségur und ihrer kritischen Berichtigung durch die Gegenschrift des Generals Gourgaud aufweist,
der das Exil des großen Korsen auf St. Helena teilte, also dessen Vertrauen
genoß; damit ist erwiesen, daß Vorgänge dieser Art nicht gelehrte Konstruk-
tion sind, sondern beglaubigte Erscheinungen im Lebensbereich der Weltgeschichte. Nach allem gibt sich zu erkennen, daß nur die Forscher, die die
Thaisgeschichte ins Reich der Fabel verwiesen, sich auf dem Wege zur historischen Wahrheit befanden bzw. befinden. Auf einen der glaubwürdigsten
Zeugen für die Persönlichkeit Alexanders, Aristobul von Kassandrea, geht
der ausdrückliche Hinweis zurück, daß die Trinkgelage Alexanders nicht des
Weines wegen sich lange hinzogen, habe der König doch nicht viel Wein
getrunken, sondern um des freundschaftlichen Zusammenseins mit seinen
Kriegsgefährten und um seiner Gespräche mit ihnen willen [78]. Ein so gewich-
tiges Zeugnis beiseitezuschieben, nur weil es in diametralem Widerspruch zu
dem Hintergrund steht, vor dem Kleitarch die Thais agieren läßt, geht kei-
nesfalls an. Daß Ptolemäos in seinem Werke von der ganzen Erzählung
beredt schweigt, ist nicht Ausfluß einer Rücksichtnahme auf die angeblich
vielberufenen Gelage Alexanders und vor allem auf den Ruf der ihm nahe-
stehenden Hetäre [79] – die Auffassung, es habe sich bei deren Vorgehen
in Persepolis um eine Untat statt einer Großtat gehandelt, ist, wie bereits
gesagt (o. S. 26), ein modernes Mißverständnis –, sondern darauf, daß die

---

[75] So H. Berve, Das Alexanderreich auf prosopographischer Grundlage (1926) 2, S. 175.
[76] Cicero, Brutus 11, 42 f.; de legibus 1, 2, 7; Quintil. 10, 1, 74: *Clitarchi probatur inge-
    nium, fides infamatur.*
[77] Gesch. des Hellenismus 1 (1877), S. 361, Anm. 1: „Kleitarch, der Ségur Alexanders, der
    mit außerordentlichem Talent, aber auf Kosten der Geschichte Geschichten gemacht hat."
    Vgl. auch 2, S. 392.
[78] Aristobul F 62 Jac. bei Arrian 7, 29, 4; Plut. Alex. 23 ıAnfang; de Alexandri fortuna
    2, 5 (p. 337 D).
[79] So H. Berve, a.a.O.; F. Schachermeyr, Alex. d. Gr. (1949), S. 512 f. Anm. 163; ²(1973),
    S. 290, Anm. 335.

Dinge in Wirklichkeit offenbar ganz anders verliefen. Wir dürfen nochmals Droysen zitieren: „Die nüchterne Darlegung bei Arrian (3, 18, 11), nach der Parmenion in der Beratung wider die Maßregel ist, die Alexander für notwendig hält, scheint des Ptolemäos Kritik über die aufregenden Schwindeleien zu sein, die Kleitarchos für Geschichte gegeben hat" (a. o. 2, S. 392) [80].

Die Folgerungen, die sich für den wirklichen Sachverhalt beim Brand von Persepolis aus der Kritik an unserer Überlieferung ergaben, boten, wie sich gezeigt hat, ein weithin überzeugendes Bild. Dennoch fehlte diesem eines: die Gewißheit. Es bedurfte weiterer, auch den Skeptiker überzeugenden Materials, um die immer wieder aufflackernde, sich tatsächlich im Kreise drehende Debatte zu beenden. Rund ein halbes Jahrhundert verging seit Droysen, bis von der Archäologie her die sehnlichst gewünschte Aufklärung erfolgte. Sie war eine wichtige Begleiterscheinung der durch E. Herzfeld in die Wege geleiteten und später durch E. F. Schmidt, A. Godard u. a. fortgeführten Ausgrabungen auf dem weiten Areal der persischen Königspaläste von Persepolis [81]. Zahlreiche Spuren des von Alexander verursachten Brandes zeigten sich, wie zu erwarten, in den Ruinen. Der Fußboden des Hauptsaales war von einer 30 bis 90 cm dicken Schicht von Asche und Holzkohle bedeckt – wie die mikroskopische Untersuchung ergab, verkohlter Rest des Dachgebälks, das aus Zedernholz bestand. Reste von Mobiliar konnten nicht nachgewiesen werden. Daraus resultiert eindeutig, daß aus den großen Hallen das wertvolle Inventar an Möbeln und Kostbarkeiten, das sich dort befunden haben muß, fortgeräumt worden ist, ehe das Feuer an die Räume gelegt wurde. Der archäologische Befund stimmt also lediglich zu der bei Arrian auf Grund der zeitgenössischen Werke des Ptolemäus und des Aristobul bewahrten Version unserer Überlieferung – ein überaus wichtiges Resultat, durch das die von der Quellenkritik erarbeitete Abwertung der auf Kleitarch zurückgehenden sog. Vulgat-Tradition glänzend bestätigt worden ist [82].

---

[80] Daß es möglich ist, Kleitarchs Thais-Roman mit moderner Wissenschaftlichkeit noch erheblich weiterzuspinnen, beweist das 17. Kapitel von G. Radets „Alexandre le Grand" (1931): Le cômos de Persépolis (S. 188 ff.).

[81] Sehr dankenswerte Überblicke geben K. Erdmann in den Mitteilungen der Deutschen Orient-Gesellschaft 92 (1960), S. 21 ff., und R. Ghirshman, Iran (dtsch. Ausgabe 1964), S. 147 ff. E. F. Schmidt, Persepolis 2 (1957) 5. F. Altheim und R. Stiehl, Geschichte Mittelasiens im Altertum (1970), S. 201. F. Schachermeyr, Alexander d. Gr. (1973), S. 289 f., meint: „Vielleicht war der Akt also nüchtern geplant, dann aber als rauschende Festlichkeit ausgeführt." Das ist keine wissenschaftliche Lösung des Problems.

[82] In seinem 1968 erschienenen, seit 1969 auch in deutscher Übersetzung vorliegenden, instruktiven Werk „Flammen über Persepolis" hat als erfolgreicher Grabungsforscher Sir Mortimer Wheeler einen kurzgefaßten Bericht über die Ergebnisse der archäologischen Erforschung der Perserresidenz gegeben (dtsch. Ausg. S. 23 ff.). Unter dem Eindruck der

Mit der Einnahme von Persepolis war der größte Teil der persischen Schätze in Alexanders Hand. Wenn der vom Makedonenkönig geführte hellenische Rachekrieg durch ein Symbol für beendet erklärt werden sollte – und irgendwie mußte sichtbar werden, daß das Perserreich als organisierte Macht nicht mehr existierte –, so bot sich das großartigste Zentrum dieses Reiches für ein solches Zeichen an. Denn Persepolis war anders als die übrigen Perserresidenzen kein politischer bzw. Verwaltungsmittelpunkt, wie die dort gemachten Inschriftenfunde ganz deutlich gemacht haben. Die Zusammenarbeit von Archäologie und Orientalistik zur Lösung der mit den Ausgrabungen der Ruinen selbstverständlich aufgetauchten Probleme hat sehr wahrscheinlich machen können, daß die erst allmählich erstellte Gesamtanlage von Persepolis in enger Beziehung zum iranischen Frühlingsfest und seiner kosmischen Bezogenheit gestanden haben muß. Unter den Residenzen der persischen Großkönige hat diese von Darius begründete und vor allem unter Xerxes ausgebaute, deren eigentlicher Name „Die Perser" lautete, offensichtlich den Charakter eines nationalen Heiligtums [83], in dem alljährlich die Völker des Reiches dem Großkönig tributbringend huldigten und dieser sich des göttlichen Wohlgefallens zu versichern hatte. Eine Zerstörung dieser stark religiös geprägten Stätte, die sich obendrein der besonderen Fürsorge gerade der Hellenenfeinde Darius I. und Xerxes erfreuen konnte, war nach der geltenden Talionsethik eine vollgültige Rache für die einstige Zerstörung hellenischer Heiligtümer und Kulturzentren, eine wirkliche Vergeltung für Xerxes' Frevel an den Hellenengöttern, als deren Vollstrecker Alexander jetzt auftrat [84]. Sein oben (S. 25) erwähnter Disput mit Parmenion, der – wir wiederholen es – historisch bestens beglaubigt ist, bezeugt, daß es dem Sieger in erster Linie um die Einlösung einer moralischen Verpflichtung vor dem Weltforum ging, das Hellas und namentlich Athen noch immer darstellten, und nicht nur um ein Siegeszeichen, d. h. eine machtpoli-

---

Tatsachen neigte er dazu, der Darstellung Arrians zuzubilligen, sie „scheine historisch wahrheitsgetreu zu sein". Schon auf der nächsten Seite wird aber von ihm über Arrian gesagt, dieser werde „vielleicht der Geschichte nicht ganz gerecht". Auf S. 27 heißt es dann: „Mir scheint, es gibt eigentlich (!) keinen Grund, die Geschichte um Thais in der Form, in der sie uns Diodor, Curtius und Plutarch überliefern, zu verwerfen!" Wenn der große, von Wheeler (S. 147) hoch gerühmte W. W. Tarn bezüglich der Thais-Episode zum entgegengesetzten Urteil geführt wurde, und zwar noch vor den entscheidenden archäologischen Feststellungen, so half ihm dazu offenbar in nicht geringem Maße, daß er glücklicherweise „von den Instinkten eines englischen Gentleman beherrscht" (S. 27) wurde, die denen des historischen Alexander eben erheblich näherstehen, als mancher Moderne wahr haben möchte.

[83] So K. Erdmann, a.a.O., S. 46 f., mit Literaturangaben.

[84] Schon Erdmann hat (a.a.O., S. 47 und Anm. 61) darauf hingewiesen, daß der besondere Charakter von Persepolis als „das unter ein tabu gestellte Nationalheiligtum des achämenidischen Iran ... seine Zerstörung durch Alexander d. Gr. erklären könnte".

tische Demonstration. Nicht dem unterworfenen Orient galt der Brand von
Persepolis. Und nicht nur Zerstörung und Verwüstung waren die Absicht
dieser sorgfältig vorbedachten Tat [85]; das geht aus der Tatsache der Fort-
schaffung des kostbaren Inventars ebenso hervor wie aus der – nach Plutarch (Alex. 38 Schluß) von der gesamten Überlieferung übereinstimmend
berichteten – Anordnung des Königs, einem übermäßigen Ausgreifen des
Feuers durch Löscharbeiten zu begegnen [86], und auch der späteren Überfüh-
rung der Leiche des von den Seinen erstochenen Darius III. zu einer Beisetzung im herrscherlichen Stil nach Persepolis [87].

Parmenions Besorgnis vor der Möglichkeit einer ungünstigen Reaktion
der Orientalen auf Alexanders Rachetat erwies sich, wie letzterer offensichtlich vorhersah, als gegenstandslos. Um so wichtiger war es, daß die Hellenenwelt über die Absicht des Königs zweifelsfrei informiert wurde. Dieser
zog jetzt zur (rund 700 km von Persepolis entfernten) vierten und letzten
Residenz, der einstigen medischen Königsstadt Ekbatana (Hamadan), wo
sich der besiegte Perserkönig mit dem recht bescheidenen Rest seiner Streitmacht aufhielt. Am Ziel angelangt, entließ Alexander seine griechischen Bun-
desgenossen reich entlohnt in ihre Heimatstaaten [88]. Sie befanden sich damit
tatsächlich schon auf dem Rückwege, dessen erster Abschnitt von Ekbatana
durch den Paß von Bisutun nach dem bereits in der Tigrisniederung gelegenen Opis führte. Wenn auch der Makedonenkönig diejenigen Hellenen,
die weiter mit ihm ziehen wollten, bereitwillig als freie Söldner in sein Heer
einreihte, so ist doch die feierliche Entlassung in Ekbatana die Bestätigung
dessen, was der Brand von Persepolis dokumentieren sollte: daß der Rachekrieg Alexanders und des Hellenenbundes siegreich beendet war. Der Betrachter wird hier einen Augenblick anhalten dürfen und fragen, was geworden wäre, wenn Alexander selbst mit seinen Soldaten sich an die Spitze der
Heimkehrer gestellt hätte. Mehr als vier Jahre waren immerhin vergangen,
seit er an der Küste Asiens landete.

---

[85] Das zeigte Alexander durch seine pflegliche Behandlung des Kyrosgrabes im nahen
Pasargadä (Aristobul: Nr. 139 F 51 Jacoby, mit Kommentar S. 522 f.).

[86] Ob wirklich, wie Plutarch schrieb, Reue Alexanders Motiv hierfür war, erscheint mehr
als fraglich.

[87] Arr. 3, 22, 1.

[88] Von den sicher zahlreichen Dankesweihungen der Zurückgekehrten ist einiges erhalten
geblieben, darunter das in die Anthologia Palatina aufgenommene Epigramm 6, 344
(J. Geffcken, Griech. Epigramme, 1916, S. 59, Nr. 158; F. Hiller v. Gaertringen, Histor.
griech. Epigramme, 1926, S. 32, Nr. 79; M. N. Tod, A selection of Greek historical
inscriptions 2, 1948, S. 278) mit dem Dank der Heimkehrer aus Thespiä, die einst „als
Rächer der Vorfahren in das barbarische Asien mit Alexander" zogen. Die Formulierung
zeigt, daß der Perserkrieg Philipps und seines Sohnes und Nachfolgers weithin in Hellas
populär geworden war.

In diesem Zeitraum hatte der erst 26jährige den Umsturz des politischen Weltbildes vollzogen, von dem der Makedonenfreund Äschines (s. o. S. 8) fast zur gleichen Zeit vor dem Volk von Athen beschwörend sprach. Seinen hellenischen Auftrag, an den „Barbaren" Rache zu nehmen, hatte der König in einem Ausmaße erfüllt, das wohl niemand – außer ihm – vorhersehen konnte. In seinem letzten Briefe an Alexanders Vater Philipp (epist. 3, 5) hatte der greise Isokrates nach der Schlacht bei Chäronea den Sieger gemahnt, er dürfe nicht rasten, bis er „den noch immer als Großkönig bezeichneten Perserherrscher gezwungen habe, seinen Befehlen zu gehorchen"; dann bleibe ihm nichts zu tun übrig als „Gott zu werden". Das beleuchtet die Stimmung, die in den Kreisen der hellenischen Anhänger Makedoniens herrschte. Wenn der jugendschöne Alexander jetzt als Erfüller jenes „Programms" mit seiner makedonisch-hellenischen Armee in Hellas wieder erschienen wäre, hätte es unzweifelhaft Jubelstürme gegeben, die die Stimmen der „Patrioten" – in Athen und wo sonst immer – völlig übertönten, vor allem angesichts der ausgesprochen humanen Züge, die dem jungen König eigneten [89]. Es war zudem die Zeit vor dem Ausbruch des Konflikts zwischen Alexander und der Philosophenschule der Peripatetiker zu Athen, ehe von letzterer aus das Bild des Königs durch eine haßerfüllte Propaganda aus politischen Gründen bitterlich entstellt wurde. Längst hatte mit Kallisthenes' Historiographie von Alexanders jeweiligem Hauptquartier aus dessen „Vergöttlichung" begonnen [90], die – möglicherweise schon damals – auch von seiten der bildenden Kunst durch Apelles' im weltberühmten Artemistempel zu Ephesos ausgestelltes Gemälde des Herrschers mit dem Blitz des Zeus weitere Nahrung erhielt [91]. Wenn Plutarch, wofür alles spricht, damit recht hat, daß Alexander dieses Bildnis aufs höchste bewunderte [92], so stand dieser den Bestrebungen solcher Art nicht eben feindselig gegenüber; wie hätte er es auch nach seinem Besuch im Ammonion tun sollen! Wenn es ihm allein um Ruhm gegangen wäre, so hätte ihm nach der offiziellen Beendigung des Rachekrieges dieser bei seiner Rückkehr nach Korinth und Pella in reichstem Maße zuteil werden müssen. Um so erstaunlicher wirkt es noch auf den heutigen Betrachter, daß Alexander auf das alles zunächst einmal verzichtete. Er blieb in Asien und setzte nach dem kurzen Aufenthalt in Ekbatana seinen Feldzug in Richtung auf den jetzt für die Hellenen zum erstenmal erschlos-

---

[89] Wenn auch nur ein Bruchteil dessen, was in dieser Hinsicht Plutarch mitteilt und was sich z. T. auch bei Arrian vorfindet, der Wirklichkeit entsprach, so ist es nicht übertrieben, von solchen Zügen in Alexanders Charakter zu sprechen.

[90] Vgl. o. S. 27; Polyb. 12, 23.

[91] H. Berve, Das Alexanderreich (1926) 2, S. 53 f.

[92] De fort. Alex. 2, 335 A.

senen fernen Osten fort, der mit der Verfolgung des geflüchteten Darius III.
begann und – noch über die Grenzen des Perserreiches hinaus – in die
Welteroberung ausmündete. Für ihre Verwirklichung war es eine Voraus-
setzung, daß die bisherige „Duplizität seiner Kriegsziele" [93] durch Alexanders betonte Beendigung des Rachekrieges verschwand. Die Quellen bekun-
den wieder und wieder, wieviel dem König an seinem Ruhme unter den
Menschen, vor allem den Hellenen, lag. Desto verwunderlicher wirkt es,
daß er gerade jetzt durch die Entlassung der griechischen Bundestruppen eine
deutliche Zäsur in seinem Wirken setzte. Was bislang offiziell mehr als Bei-
werk wirkte: die Inbesitznahme des gesamten Perserreiches, das wurde offen
proklamiertes Ziel. Wieder aber war es nicht ein bloßer Machtrausch, der
den König erfaßte. Während seines Aufenthalts in Ekbatana ließ er u. a. die
von Susa und Persepolis herbeigeschafften Perserschätze, eine für damalige
Vorstellungen fast unermeßliche Beute, hier auf der Burg deponieren und
ordnete an, daß das Edelmetall, das von den persischen Großkönigen zum
größten Teil lediglich gehortet worden war, durch Ausmünzung in das Wirt-
schaftsleben geleitet werden sollte, so daß es für dessen Wiederbelebung und
Förderung wie eine Initialzündung zu wirken vermochte. „Als der gewaltige
Alexander die Schätze aus Asien in seinen Besitz brachte, brach der – nach
Pindars Wort – weltbeherrschende Tag des Reichtums an"; so lautet die
über diesen Tatbestand in dem Sammelwerk des Athenäus aus der römischen
Kaiserzeit glücklicherweise erhaltene wohl kurze, aber dafür inhaltsschwere
Notiz (6, 231 E), die durch die archäologische und numismatische Forschung
voll bestätigt werden konnte. Jetzt stand nicht mehr das Wohl des Riesen-
reiches und seiner Großkönige und Magnaten im Blickpunkt des Interesses,
sondern zugleich das der Untertanen; die Orientalen haben das dadurch
anerkannt, daß sich bei Alexanders plötzlichem Tode keiner von ihnen gegen

---

[93] U. Wilcken, Alexander d. Gr. (1931), S. 137. – Mit dieser Duplizität läßt sich schwer
vereinbaren, daß nach Diodor (17, 7, 2), d. h. Kleitarch, Alexander bei seiner Landung
am Hellespont 334 v. Chr. durch Speerstoß ins Gestade von Asien Besitz ergriff. Warum
hätte er dann den Racheauftrag des Hellenenbundes übernommen? Obwohl er seine
Herrschaft in den asiatischen Ländern alsbald organisierte, hat er den Krieg zunächst mit
dem Ziel der Rache für 480 v. Chr. geführt und diese Zielsetzung vor dem Brand von
Persepolis gegen Parmenion, d. h. die altmakedonische Richtung, mit Wort und Tat ausdrücklich verteidigt (s. o. S. 25). Gegen H. U. Instinsky muß ich bei aller Bewunderung
für seine scharfsinnige und kenntnisreiche Studie „Alexander d. Gr. am Hellespont"
(1969) darauf hinweisen, daß die zuverlässige Überlieferung die später so geläufige For-
mel der δορίκτητος χώρα an dieser Stelle bezeichnenderweise nicht verwendet, weil sie
der Gleichberechtigung beider Kriegsziele im ersten Abschnitt des Alexanderzuges gebüh-
rend Rechnung trägt. Für die Quellenkritik ist diese Tatsache m. E. wichtig. – Interessant
ist, daß Lysipps „Alexander mit der Lanze" noch in späterer Zeit kanonisches Ansehen be-
hielt, weil sie dem Geist der Diadochenzeit entsprach, während Apelles sich mit Ptolemäos I. entzweite. Vgl. H. Brunn, a.a.O., 2, 1 (1856), S. 208 f.

die Neuordnung erhob – nicht zuletzt deshalb, weil das Verhalten des Königs zum Gelde so klar wie nur möglich „europäische", d. h. zu größtmöglicher Humanität tendierende Geisteshaltung widerspiegelte und damit eine Einstellung zum Menschen, die diesen nicht mehr nur als Mittel zu Zwecken der Machthaber gelten lassen wollte. Das Ergebnis war eine Anhebung des Lebensstandards auch bei vielen der Besiegten. Weshalb hätten sie revoltieren sollen? Das Neue bei Alexander ist, daß er bei seinen Überlegungen und Anordnungen nicht von den Vorrechten der Sieger gegenüber den Besiegten ausging, sondern von seiner herrscherlichen Verantwortung ihnen allen gegenüber. Er fühlte sich gefordert und wußte, daß der neue Herrschertyp, den er zu verkörpern entschlossen war, für die Welt dazusein hatte und nicht umgekehrt die Welt für ihn, wie es seit Darius I. und Xerxes bei den Großkönigen der Perser gewesen war.

4.

Auf die rund viereinhalb Jahre des „Rachekrieges", an dessen Ende der Korinthische Bund der Hellenen sich so weit entmachtete, daß er das Strafgericht gegen die aufsässigen Spartaner, das der Sieger von Megalopolis (331 v. Chr.), Antipater, den Hellenen übertrug, an Alexander weitergab, folgten fünfeinhalb Jahre systematischer Eroberung des Ostens der „Ökumene". Sie würden – abgesehen von der allgemein als einfach bewunderungswürdig anerkannten militärischen Leistung – an sich wenig Interesse wecken. Ob der jeweilige Gebieter in Vorderasien, wie einst, aus der Persis oder, wie später, aus Parthien oder, wie jetzt, aus den am Nordwestrand des Perserreiches gelegenen Militärstaat Makedonien kam, war schließlich nicht die Hauptsache. Längst hatte sich der Orient abgewöhnt, sein politisches Schicksal in eigene Hände zu nehmen [95]. Man fand sich mit der Oberherrschaft einer Nation ab. Die Makedonen erwarteten demgemäß, daß nunmehr sie mit ihrem König das Perserreich als reiche Beute in Besitz nehmen

[94] Ägyptens mehrfache Erhebungen gegen die Perserherrschaft sprechen nicht dagegen, da hier die ungewöhnliche Gunst der geographischen Lage eine besondere Situation heraufführte. Vgl. u. a. F. K. Kienitz, Die politische Geschichte Ägyptens vom 7. bis zum 4. Jahrhundert v. Chr. (1953), S. 140 ff.

[95] Vgl. F. Altheim, a.a.O., 1, S. 192 ff.; Alexander und Asien (1953), S. 73 ff. Bewundernswert ist Alexanders Anpassungsfähigkeit an verwandelte strategische und taktische Situationen; hierin erinnert er an die Römer, die freilich erheblich längere Fristen benötigten als er. Dazu gehört u. a., daß er die Leistungsfähigkeit der ostiranischen Reiterei mit sicherem Blick erkannte und sie dementsprechend in seine Armee eingliederte, deren Schlagkraft er mindestens zu erhalten, wenn möglich aber ständig zu steigern strebte. Natürlich blieben die Makedonen ihr Rückgrat.

würden, ohne sie mit anderen teilen zu sollen. Alexander erhob Anspruch auf das gesamte Reich, verfolgte den flüchtigen Perserkönig nach Osten hin und ließ als neuer Herr von Asien den Satrapen, der den Darius ermordete und sich die Königstiara aufsetzte, festnehmen und nach grausamem orientalischem Ritus hinrichten. Die Verfolgung führte ihn bis nach Turkestan, zum uralten Bollwerk Irans gegen die Reitervölker; dem ihn dort erwartenden und für rund drei Jahre vollauf beschäftigenden Kleinkrieg gegen freiheitsstolze Gegner erwies er sich – obwohl jetzt ohne Unterstützung durch erprobte ältere Heerführer aus Philipps Schule – gewachsen [96]. Dafür zeugt besonders vernehmlich der Festungskrieg in Ostiran und dann in Indien, einer ganz neuen Welt für Makedonen und Griechen, der Sieg in der großen Feldschlacht gegen den Inderfürsten Poros 326 v. Chr. Als Alexander hörte, daß jenseits des Fünfstromlandes im Gebiet des Ganges sich volkreiche Staatengebilde befänden, war er entschlossen, auch diese zu unterwerfen. Plutarch (Alex. 62) hat – leider ohne genaue Quellenangaben – die Nachricht bewahrt, daß Tschandragupta, der als junger Mann Alexander noch sah und später zum Begründer des indischen Großreiches wurde, wiederholt sagte, die Eroberung der Gangesländer würde dem Makedonenkönig angesichts der verworrenen politischen Verhältnisse dort ohne Schwierigkeit gelungen sein (vgl. o. S. 11).

Arrian (5, 24, 8) gibt als Grund für Alexanders Verhalten an, daß dieser davon überzeugt war, „solange noch ein (potentieller) Feind bliebe, sei kein (definitives) Ende für das Kriegführen abzusehen" – ein deutlicher Hinweis auf das Endziel einer Welteroberung, die den Eroberer schon im Osten über das ehemalige Perserreich hinausgeführt hätte [97] und die für ihn offensichtlich nicht Selbstzweck war, sondern einem höheren Ziele diente [98]. Unwillkürlich wird man hier an das am Eingang der vorliegenden Betrachtung (S. 5 f.) besprochene Gemälde des Apelles denken, auf dem der „Krieg" als Gefesselter Alexanders dargestellt war.

Die Armee war von ihrem Oberfeldherrn zu größten Erfolgen geführt worden. Sie überstieg zweimal das Hindukuschgebirge und zeigte sich überhaupt allen militärischen Erwartungen an sie völlig gewachsen. Es ist nun merkwürdig, daß Alexander, der nie besiegt worden ist, seit 330 v. Chr. wieder und wieder in Konflikte mit ihr geriet. Man vergleiche damit, wie das aus mehreren Völkern zusammengebrachte Heer Hannibals, der dem Alexander als Schlachtenlenker ebenbürtig war, zu seinem Anführer stand, ob-

---

[96] Vgl. o. S. 14.

[97] Arrian spielt 4, 7, 5 ganz selbstverständlich darauf an, daß Alexander im Sinne hatte, Libyen, Asien und Europa zu erobern; vgl. auch 7, 1, 2.

[98] S. u. S. 37 ff.

wohl dessen Siegeslauf schon nach drei Jahren sein Ende fand. In den fast
anderthalb Dezennien, in denen der Stern des großen Karthagerfeldherrn
immer tiefer sank, hat seine Armee bis zum bitteren Ende bei Zama unver-
brüchlich zu ihm gestanden. Bei Alexander war es umgekehrt. Er schritt an
der Spitze der Seinen von Sieg zu Sieg, von Erfolg zu Erfolg; aber zu seinen
Soldaten, in erster Linie den Makedonen, geriet er in eine sich ständig stei-
gernde Spannung, die sich schließlich 324 v. Chr. in der großen Meuterei von
Opis am unteren Tigris schrecklich entlud. Auch aus diesen Konflikten ist er,
wie auf den Schlachtfeldern, als Sieger hervorgegangen, freilich z. T. unter
schweren seelischen Erschütterungen, wie etwa der Reue, die ihn für drei
Tage niederwarf, als er 328 in Marakanda (Samarkand) beim Gastmahl
seinen Lebensretter aus der Granikosschlacht, Kleitos, nach heftigem Wort-
wechsel eigenhändig niedergestochen hatte [100]. Hinter Alexanders Taten und
Plänen wird ein erstaunlich harter, ja unbeugsamer Entschluß im Grundsätz-
lichen und eine nicht minder erstaunliche Flexibilität bei der Durchführung
sichtbar. Als er am Hyphasis in die Rückkehr zur Heimat einwilligen mußte,
erfolgte diese nicht auf möglichst direktem Wege; ganz im Gegenteil. Der
Zug ging zunächst statt in ost-westlicher in nord-südlicher Richtung weiter,
bis der König nach zehn Monaten im Juli 325 v. Chr. an das Indusdelta
gelangte, und das nach z. T. sehr schweren Kämpfen. Alexander selbst fuhr
dann zu Schiff noch weiter, bis er die Mündungen des mächtigen Stromes
erreichte und sich sorgfältig davon überzeugte, daß er den Ozean, das die
Festländer umschließende „Große Meer", erreicht hatte [101]. Was ihm für
den Ganges verwehrt war, holte er sich dafür an den Indusmündungen: die
Gewißheit, daß sein Machtgebiet, wie in Turkestan mit den Steppen nördlich des Jaxartes, so jetzt mit dem Weltmeer im Süden die naturgegebenen
Grenzen der Ökumene erreicht hatte – ein erstaunlicher, ans Mythische gren-
zender Erfolg, für den der erst dreißigjährige Herrscher den Göttern, vor
allem dem Zeus Ammon [102] und dem Poseidon, durch feierliche Opfer ausdrücklich dankte. Es ist evident, daß es sich bei diesen Opfern an der Indus-

[99] Richtig weist K. Kraft (a.a.O., S. 104 ff.) darauf hin, daß es sich bei der Umkehr
Alexanders am Hyphasis um keine eigentliche „Meuterei" der Truppen handelte. Die
Quellen machen jedoch ganz deutlich, daß der König widerstrebend vom Weitermarsch
ins Gangesland hinein absehen mußte. Den Vorgang als „bühnenwirksame Ausschmük-
kung von Literaten" zu bagatellisieren (a.a.O., S. 106), tut der Überlieferung Gewalt an.
[100] Nach H. Bengtson, Griech. Geschichte ⁴(1969), S. 350 bewiese diese „Reue nach der Tat,
daß politische Motive ferngelegen haben". Unsere Quellen (Arrian 4, 8, 1 ff.; Plut.
Alex. 50 ff.) besagen, wenn ich recht sehe, das Gegenteil.
[101] Vgl. vor allem Arrian 6, 19, 3 ff.; Curt. 9, 9, 27; Diod. 17, 104, 1.
[102] Ammon erscheint bei Arrian (6, 19, 4) genau genommen nur als Auftraggeber für Opfer
an zumeist nicht benannte Gottheiten. Daß ihm selbst nicht gespendet wäre, ist jedoch
schwer vorstellbar.

mündung nicht um eine bloße Zugabe zur Eroberung der Induslande handelte, sondern um den eigentlichen Zweck, ja den Sinn dieser Eroberung[103].

Die Makedonen, hoch wie niedrig, waren in den Osten gezogen, um Beute zu machen und ihrem Heerkönig die von diesem erstrebte führende Stellung in der Welt zu erkämpfen. Sie hatten die vom König auf ihre Tapferkeit gesetzten Erwartungen vollauf erfüllt. Als Alexander im Herzen Irans zu Prophthasia (Herbst 330) vor ihrer Versammlung ihren glänzendsten Offizier, Parmenions stolzen Sohn Philotas, den Anführer der adligen Reiterei, wegen Hochverrats anklagte, zauderten sie nicht, den Unseligen schuldig zu sprechen und hinzurichten. Der König hielt es jedoch für angebracht, das von dem Abgeurteilten bekleidete Oberkommando in zwei Posten aufzuteilen, deren einen der ihm besonders nahestehende Hephästion übertragen erhielt. Auch daß Alexander es für nötig erachtete, aus Staatsräson den mit dem Schutze der wichtigsten Verbindung der Armee zum Westen hin betrauten Vater des Philotas umbringen zu lassen, fand bei seinen Soldaten angesichts des ja nach wie vor währenden Kriegszustandes, soweit sich erkennen läßt, kein besonderes Echo. Erst seit den Kämpfen in Ostiran änderte sich das Bild. Im Offizierskorps trat eine oppositionelle Gruppe hervor. Sie fühlte sich durch die Ammonssohnschaft des Königs, durch Aufnahme persischer Elemente in seine Tracht (329/8 v. Chr.)[104] und andere auf die unterworfene Bevölkerung berechnete Maßnahmen in ihrem makedonischen Siegerstolz nicht nur verletzt, sondern auch gefährdet. In der Tat wurde im Laufe der Jahre immer deutlicher, daß Alexander und die ihm besonders treu ergebenen Mitglieder seines Offizierskorps – wie vor allem natürlich Hephästion – sich über die Neugestaltung der unterworfenen Länder und die Behandlung ihrer Bewohner völlig andere Vorstellungen gebildet hatten als die bislang allgemein gültigen. Es ging ihnen darum, die seit dem Zeitalter der griechischen Kolonisation im Mittelmeerbereich bei den Griechenstaaten kanonisch gewordene Zweiteilung der Menschheit in „Hellenen" und „Barbaren", an deren Berechtigung nicht zuletzt sogar Plato Kritik geübt hatte[105], mit der Tat zu überwinden. Arrian (4, 11, 7) läßt[106] den Hofhistoriographen Kallisthenes gegenüber dem König in einer Rede darauf hinweisen, Ziel seines Feldzuges sei gewesen, Asien der Hellenenwelt anzu-

---

[103] Daß die Nachwelt Alexanders Zielsetzung so verstand, belegt u. a. Plutarchs Nachricht (Crassus 16, 2), der Triumvir Crassus habe auf seinem Orientfeldzug 53 v. Chr. bis Baktrien, Indien und zum äußeren Ozean zu ziehen beabsichtigt, was bekanntlich durch Cicero bestätigt wird.

[104] S. F. Altheim, Alexander und Asien (1953), S. 81 ff.; Arrian 7, 29, 4. Vgl. u. S. 41.

[105] Politikos 262 ff.; H. E. Stier, Die geschichtliche Bedeutung des Hellenennamens (1970) S. 34.

[106] Allerdings nicht nach Ptolemäos und Aristobul (4, 10, 5).

schließen [107]. Alexander dachte in diesem grundlegend wichtigen Punkte, wie sich immer deutlicher herausstellte, völlig anders. Ihm ging es je länger desto mehr darum, den weithin wie ein Naturgesetz betrachteten Antagonismus von „Hellenen" und „Barbaren" zu überwinden, indem er, der mit seinen Siegen und Städtegründungen die hellenische Hochkultur weit in die Barbarenländer hineintrug, an die Stelle der freilich uralten Überordnung der Sieger über die Besiegten kühn die Gleichberechtigung beider setzte. Das war bereits während des Rachekrieges zu beobachten, als er mehrfach Perser als seine Statthalter in den neu gewonnenen Gebieten einsetzte bzw. bestätigte. Die Erfahrungen aus dem Feldzuge in Ostiran und Turkestan mit dem Kampfgeist der dortigen persischen Aristokratie haben Alexanders ritterliches Gemüt erkennbar angesprochen. Er sah in ihren Vertretern künftige Mitstreiter und fand unter ihnen 327 v. Chr. in der jugendschönen Roxane die Partnerin für eine ausgesprochene Liebesheirat, bei der allerdings (wie so häufig im Leben) zugleich Politisches mit im Spiel war. Das offenbarte sich, als er die Hochzeit nach iranischem Ritus vollzog, was nunmehr aus bisherigen gefährlichen Feinden Verbündete werden ließ. Daß er bei dem anschließenden Zuge nach Indien nicht nur den ihm friedlich und freundschaftlich begegnenden Fürsten Taxiles, sondern ebenfalls den ihn zu einem schweren Kampf auf Leben und Tod nötigenden Poros „königlich", d. h. wie Gleichstehende, behandelte und sie damit zu Mitarbeitern erhob, zeigt die gleiche Linie.

Und in sie hinein gehört auch die unerbittliche Härte, mit der er jeder Kritik an seinem Verhalten aus Kreisen der Altmakedonen und Hellenen entgegentrat. Der Makedone Kleitos, sein Lebensretter, der Hellene Kallisthenes, sein Geschichtsschreiber, schließlich die Rädelsführer bei der Meuterei von Opis, seine Kriegskameraden, haben es zu spüren bekommen. Hier ist nicht so sehr „Dämonisches" im Spiel, jedenfalls nicht allein. Es ging um die Frage, wie es ermöglicht werden könne, den nichthellenischen Untertanen nach dem Sturze der Persermacht Anteil an der Idee der Freiheit und Menschlichkeit zu geben, die längst zum Grundbegriff der hellenischen Kultur geworden war. Alexander sah klarer als seine Kritiker, daß hierfür eine Überwindung der üblichen Trennung zwischen Hellenen und Barbaren unerläßlich war. Wie sehr diese – doch im eigentlichen Sinne „humane" – Geisteshaltung des Königs der bisherigen Denkungsart widersprach, geht vor allem daraus hervor, daß sein einstiger Lehrer und Freund Aristoteles sich von Athen aus mit einem Sendschreiben an ihn [108] in die Diskussion unter

---

[107] προσθεῖναι, d. h. untertan machen.
[108] Fragment 658 Rose. Dem in jüngster Zeit aus der arabischen Literatur erschlossenen angeblichen Briefe des Aristoteles an Alexander (M. Plezia, Eos 58, 1969, S. 51 ff.) ist

den führenden Teilnehmern an der Welteroberung einschaltete, in dem er
ausdrücklich betonte, die „Barbaren" seien wie Tiere oder Pflanzen zu be-
handeln, nicht aber wie Freunde oder gar Verwandte, was den Hellenen
vorbehalten bleiben müsse. Als dann Alexander und Hephästion versuchs-
weise die einst für den offiziellen Verkehr mit dem persischen Großkönig
vorgeschriebene Gepflogenheit der Proskynese, der demütigen Ehrerbietung,
auch für Makedonen und Hellenen einzuführen versuchten und nun, wie bereits erwähnt, Kallisthenes als Verwandter des Aristoteles zu einem Schild-
halter und schließlich Märtyrer der Opposition wurde, zog durch diesen
Konflikt der König sich die erbitterte Feindschaft der in Athen und Hellas
hoch angesehenen peripatetischen Philosophenschule zu. Sie hat bekanntlich
an der Ausgestaltung der haßerfüllten Umdeutung des königlichen Neuerers
zum maßlosen, ja verbrecherischen Despoten einen erheblichen Anteil genommen [109]. Alexander hat die Stellungnahme seines einstigen Lehrers verärgert beiseitegeschoben und den einmal eingeschlagenen Weg weiter beschritten. Eine der wichtigsten Fragen, die er zu benantworten hatte, bedeutete für ihn die Vermehrung der Armee, die nunmehr den Schutz eines Welt-
reiches übertragen bekam. Es ist sehr interessant, aus Arrian (7, 23) zu entnehmen, daß Alexander sich nicht damit begnügte, aus dem Kreise der Be-
herrschten Hilfstruppen nach Art der späteren römischen Auxilien heranzuziehen, sondern geradezu darauf drängte, die „Barbaren" in die Reichsarmee selbst einzureihen. Sein Mitstreiter Peukestas, Satrap der Persis, der
ihn bei diesen Maßnahmen aus voller Überzeugung tatkräftig unterstützte,
wurde von ihm besonders belobigt; anläßlich der Meuterei der makedonischen Veteranen in Opis stand bereits eine beachtliche Truppe von Orientalen [110] als Ersatz bereit. Bei der nachfolgenden großen Versöhnungsfeier
betete Alexander nach Arrian (7, 11. 8) zu den Göttern um Eintracht und
Gemeinsamkeit der Herrschaft zwischen Makedonen und Persern, nicht,

---

nach der Kritik von M. A. Wes, Mnemosyne 25 (1972), S. 261 ff., geschichtliche Echtheit
nicht zuzubilligen (Hinweis von G. A. Lehmann).

[109] Wenn unter den Titeln der Schriften Theophrasts ein Dialog erwähnt wird mit der
Überschrift „Kallisthenes oder über die Trauer", so beleuchtet diese Formulierung für
unsere Kenntnis die tragische Situation ausreichend, mag auch die Schrift selbst verlorengegangen sein. Daß Alexander seinerseits auch Aristoteles drohte, berichtet Plutarch
(Alex. 55) nach einem Briefe des Königs an Antipater, den eine enge Freundschaft mit
dem großen Denker verband.

[110] Arrian (7, 23, 1) berichtet, daß Peukestas sie nicht nur aus Persern zusammenstellte,
sondern auch aus einer nicht geringen Menge von Kossäern und Tapurern, die als Berg-
stämme (die einen bei Susa, die anderen am Südrand des Kaspischen Meeres wohnhaft)
für besonders kriegerisch galten. Diese Nachricht lehrt mit aller Deutlichkeit, daß nicht
die Nationalität, sondern die militärische Leistungsfähigkeit bei der Einstellung von
orientalischen Untertanen ins Heer entscheidend war.

weil der König sich ganz bewußt auf diese beiden beschränken wollte [111]
– außer ihnen waren, wie ausdrücklich erwähnt wird, Vertreter „der anderen Völker" zugegen, soweit sie nach Rang oder sonstigem Verdienst Anspruch auf Bevorzugung hatten –, sondern weil beide nach damaliger Lage
der Dinge militärische Repräsentanten von West und Ost waren. Vorangegangen war im Frühjahr 324 die von Alexander persönlich veranstaltete
„Massenhochzeit von Susa", bei der etwa 80 vornehme Makedonen je nach
ihrer Stellung im Heer mit persischen Prinzessinnen bzw. Töchtern der persischen Aristokratie vermählt wurden [112]. Durch die nach persischem Ritus
geschlossenen Ehebündnisse sollten Angehörige der beiderseitigen Ober-
schichten in denkbar angenehmster und wirkungsvollster Weise miteinander
„verschmolzen" werden. Die Beschränkung des königlichen Veranstalters
dieses grandiosen Festes bei der Wahl der Bräute auf Perserinnen lag natürlich darin begründet, daß als rechtmäßige Gemahlinnen der Angehörigen
der stolzen makedonischen Militäraristokratie – unter denen sich übrigens
auch Alexanders griechischer Kanzleichef Eumenes von Kardia befand – nur
Damen der bisherigen Oberschicht des Perserreiches in Frage kommen konnten. Die jetzt gestifteten Ehebündnisse trugen ausgesprochen politischen Charakter; das trat ganz deutlich hervor, als sie nach Alexanders unerwartet
frühem Tode von seiten der Makedonen aufgelöst wurden. Immerhin ist
der wohl erfolgreichste der Diadochen, Seleukos, dem sein König in Susa
Apame, die Tochter des Spitamenes, seines härtesten Gegners auf dem tur-
kestanischen Kriegsschauplatz, als Gattin zugeführt hatte, dieser treu geblieben. Die „Massenhochzeit" von 324 ist nicht als Beweis dafür zu werten,
daß es dem Welteroberer nur um eine Verschmelzung zwischen Makedonen
und Persern ging. Sein Ziel war die Überwindung der überkommenen, wie
bereits (o. S. 37) erwähnt, griechischen Denkern seit der Sophistenzeit frag-
würdig gewordenen Zerreißung der Menschheit in zwei qualitativ und quan-
titativ völlig ungleiche Hälften. Diese Zielsetzung mußte zur Folge haben
daß befähigte Persönlichkeiten aus dem reichen Reservoir der Völker des
Alexanderreiches für die Aufgaben des Reichsregiments herausgesucht und

---

[111] So z. B. in F. Altheims „Weltgeschichte Asiens im griechischen Zeitalter" 1 (1918);
S. 225.

[112] S. die Liste bei Arrian 7, 4, 4 (in der es statt Barsine richtig Statira heißen muß; vgl.
Plut. Alex. 70, 77). Die makedonischen Großen werteten die Feier in der königlichen
Audienzhalle als besonders leutselige und kameradschaftliche Tat: a.a.O., S. 7. Das
Widerstreben einzelner (Arr. 7, 6, 2) richtete sich nach dem Quellentext nicht gegen ihre
neuen Ehen (so F. Schachermeyr, Alex. d. Gr., 1949, S. 401 unten, ²1973, S. 486), sondern
dagegen, daß die Trauung nach persischem statt makedonischem Brauch abgehalten wurde.
Daß der große Ausgräber und Orientkenner Th. Wiegand mich davor warnte, die Rolle
des Zwanges bei den Eheschließungen zu Susa zu überschätzen, ist mir unvergeßlich.

herangebildet werden konnten, begreiflicherweise in erster Linie für das Heer.

Die Mehrheit der Makedonen sah in dieser Ordnung mit Recht die Zumutung ihres Königs an sie, auf die ihnen als den Siegern allein zukommende Herrscherstellung im Reiche verzichten zu sollen. Damit hebt sich Alexanders Weltreich in seiner Struktur deutlich von den meisten sonstigen Imperien ab. Auch das Römerreich des Augustus, der selber übrigens ein Bewunderer des großen Makedonenkönigs war, beruhte auf Römern und Italikern als der Herrenschicht, die deutlich von den nichtrömischen Untertanen abgegrenzt war. Aber gerade wenn man die Geschichte des kaiserzeitlichen Imperium Romanum studiert, sieht man, daß die Entwicklung dahin tendierte, die Reichsbevölkerungen einander immer stärker anzugleichen, bis 212 n. Chr. Caracalla mit der Verleihung des römischen Bürgerrechts den inzwischen bereits eingetretenen Wandel in aller Klarheit erkennbar machte. Wenn die Struktur des Alexanderreiches nach dem Willen seines Schöpfers von vornherein diesem universalen Typus entsprach, so stellt das dem Wirklichkeitssinn dieses Schöpfers ein glänzendes Zeugnis aus. Das Zeitalter des Hellenismus sollte noch im 3. vorchristlichen Jahrhundert die Probe aufs Exempel erleben: Im Jahre 217 v. Chr. sah sich das Ptolemäerreich genötigt, zur Abwehr des Angriffs des Seleukiden Antiochos' d. Gr. auf seine einheimische ägyptische Bevölkerung zurückzugreifen. Ihre kriegerische Kraft verhalf der makedonischen Herrenschicht des hellenistischen Ägypten zum Siege bei Raphia unweit von Gaza. Die verdiente Gleichstellung der Ägypter mit ihren makedonisch-griechischen Herren wurde von diesen hintertrieben, mit dem Erfolg, daß nun wieder und wieder Aufstände des eingeborenen Elements das Reich nachhaltig erschütterten und zu seinem alsbaldigen Niedergang empfindlich beitrugen [113]. Es ist offensichtlich kein Zufall, daß der hochbedeutende Gelehrte Eratosthenes von Kyrene, der nach unserem Wissen gerade in dieser Zeit am Museion des ägyptischen Alexandria wirkte, damals die Kritik Alexanders an Aristoteles' Verteidigung der Trennung zwischen Hellenen und Barbaren wieder aufnahm und sich nachdrücklich dafür einsetzte, an ihrer Stelle das Menschengeschlecht nach Tugend und Schlechtigkeit zu gliedern, wie es einst der große Makedonenherrscher praktizierte [114]. Daß die Ptolemäermacht auf die Mahnung des Wissenschaftlers

---

[113] Polybios 5, 65, 8 f.; 107, 2 f.; B. Niese, Geschichte der griechischen und makedonischen Staaten ²(1899), S. 376, 404 f.; E. Will, Histoire politique du monde hellénistique 2 (1967), S. 28 ff.; H. E. Stier, Roms Aufstieg zur Weltmacht (1957), S. 37, 44.

[114] Strabo 1, 4, 9 (p. 66). J. Jüthner, Hellenen und Barbaren (Das Erbe der Alten 8, 1923), S. 49. Von Eratosthenes' Auffassung ist vieles, wie das Zitat aus ihm über Alexanders Tracht (p. 330 A) sehr wahrscheinlich macht, in Plutarchs Schriften De Alexandri magni

nicht hörte, ist ihr teuer zu stehen gekommen. Alexander hat mit erstaun-
lichem Scharfblick die wirkliche Struktur der Dinge erkannt und erfaßt; er
konnte es, weil er über die Bedürfnisse des Tages hinaus weit in die Zukunft
schaute. Für ihn waren die sich steigernden Erfolge, die ihm und den Seinen
der gigantische Ostfeldzug brachte, nur Stufen auf dem Wege zur Durchset-
zung seiner Vorstellung von Dauerhaftigkeit und Wohlgeordnetheit eines
Reichsbaus, zur Realisierung seiner Konzeption einer Ökumene als Staat. In
kaum begreiflich kurzer Zeitspanne war das Neue bereits derart konsoli-
diert, daß dann, als die wachsenden Sorgen seiner Veteranen in der gefährlichen Meuterei zu Opis wild herausbrachen, Alexander sich ihnen gegenüber
restlos durchsetzte. Dabei handelte es sich nicht nur um einen Machtkampf,
wie u. a. schon die Fürsorge zeigt, die der König Kindern seiner Makedonen
von Orientalinnen angedeihen ließ [115], und die Tränen der Rührung, die von
Alexander und seinen nunmehr zu „Verwandten" erhobenen etwa 10 000
Allergetreuesten aus ehrlicher Ergriffenheit beim Abschied vergossen wurden. Blickt man von dieser Situation des Jahres 324 v. Chr. zurück auf das
Jahrfünft der ans Unglaubliche streifenden Eroberungen im Ostteil der damals bekannten Welt, so ergibt sich aus der zeitlichen Parallelität von fort-
schreitendem Machtzuwachs und dementsprechend gesteigerter Opposition
innerhalb der Kerntruppen seiner Armee mit ihren ganz beträchtlichen Gefahren, daß jene Welteroberung nicht das eigentliche Hauptziel des Makedonenkönigs gewesen sein kann. Wer die Verschmelzungspolitik, den Grund
der schweren Verstimmungen zwischen Heer und Feldherrn, nur als Maßnahme zu Ergänzung und Sicherung des Nachwuchses für die Streitmacht
gelten lassen will, sieht lediglich einen Teil des Ganzen und muß die Frage
beantworten, wieso eine so einfache Erklärung dieser Politik in unserer
Überlieferung nicht begegnet. Wir haben eingangs darauf hingewiesen, daß
in der Alexandergeschichte die militärische Tradition viel reichhaltiger ist als
die der staatsmännischen Leistung des Königs und daß es die wichtigste Auf-
gabe der Forschung sein muß, den Spuren der letztgenannten objektiv nach-
zugehen, um das volle Bild einstigen Geschehens wiederzugewinnen. Und
in diesem trägt die Welteroberung deutlich sichtbar nur subsidiären Charakter gegenüber der Neuordnung der Ökumene [116]. Es bleibt dabei: Während
sonst Eroberer alles daran setzen, ihre Soldaten in jeder Hinsicht zufrieden-
zustellen, und das Schicksal der Unterworfenen – wenn überhaupt – zuletzt
bedenken, muß sich Alexander von Kleitos, wie Arrian berichtet (4, 8. 5),

fortuna aut virtute gekommen (s. u. S. 51). Sollten sie Frühwerke sein, so würden sie die
Erfahrung bestätigen, daß Jugend ihresgleichen durchaus kongenial zu verstehen vermag.
[115] Arr. 17, 12, 2 f.
[116] Nur von hier aus läßt sich begreifen, daß z. B. in Plutarchs erster Schrift de fortuna

erst darauf hinweisen lassen, daß die Heldentaten auf seinem Zuge in ihrer überwiegenden Zahl nicht sein Werk seien, sondern das seiner Makedonen [117], was ihn sehr verärgert [118], und mit Grund, denn aus einer Kritik dieser Art klang deutlich heraus, der König solle sich so verhalten, wie allgemein üblich, und die Sieger, was sicherlich Philipp getan hätte, zu Herren in den neu unterworfenen Ländern erheben. Wenn das während des sich immer tiefer im Unbekannten verlierenden Feldzuges gleich zu wiederholten Malen teils offen, teils heimlich vorkam, so kann man es nicht als gelegentliche Begleiterscheinungen der Hauptsache, nämlich der Eroberung, bagatellisieren, sondern es muß zugegeben werden, daß hier unter den Eroberern grundsätzliche Meinungsverschiedenheiten walteten, die die Eroberung erschwerten, ja gefährdeten. Alexander hätte es sich zweifellos leichter gemacht, wenn er alles getan hätte, um solchen Konflikten zu entgehen – was aber eben bedeutet hätte: daß er dann „Parmenion gewesen wäre" (vgl. o. S. 10). Doch er suchte anderes, vor allen Dingen, wie alle Quellen hervorheben, höchsten Ruhm; deshalb sein Wetteifer mit seinen legendären Ahnen, ja mit der legendären Beherrscherin des Orients in der Frühzeit, Semiramis, und sogar mit dem Gotte Dionysos. Hinter diesem offen zur Schau getragenen Streben wird tiefe Sehnsucht nach einer Autorität sichtbar, die nicht nur auf seinem Thron beruhte, sondern die vornehmlich aus seinen Werken erwachsen sollte. Die Siege im Rachekrieg wie bei der Unterwerfung des gesamten Perserreiches ließen den genialen, immer noch erstaunlich jungen

Alexandri Alexander als Philosoph gefeiert werden konnte. Wenn diese Schrift auch rhetorisch-enkomiastischen und nicht so sehr historischen Charakter trägt, so sind die Materialien, mit denen der Verfasser argumentiert, deshalb noch keineswegs sämtlich Erdichtungen. Schon der Umstand, daß Plutarch mehrfach die Namen der Autoren von ihm benützter Schriften anführt, sollte Kritiker vorsichtig machen. Vgl. K. Zieglers ausführlichen Artikel „Plutarchos" in Paulys Realenzyklopädie der klassischen Altertumswissenschaft 21, 1 (1951), Sp. 636–962, besonders 923 f.

[117] So läßt in unseren Tagen B. Brecht einen lesenden Arbeiter fragen: „Der junge Alexander eroberte Indien – er allein?" Die Antwort hat längst Napoleon I. auf St. Helena gegeben: „Nicht die makedonische Phalanx drang bis nach Indien vor, sondern Alexander." Vgl. auch W. Hoffmann, Das literarische Portrait Alexanders d. Gr. (1907), S. 18, Anm. 4; 32, Anm. 2.

[118] Bei der engen Verbindung zwischen ihm und der makedonischen Armee, von der er trotz aller Krisen vergöttert wurde, konnte Alexander darauf vertrauen, daß er bei ihr seine neue Politik, von deren Richtigkeit er überzeugt war, teils durch Überredung und Geschenke, teils durch Appell an die militärische Disziplin würde durchsetzen können, hatte sie sich ihm doch bei der Philotas- und Parmenionaffäre im Herbst 330 treu erwiesen. Offene Opposition konnte nur aus dem Kreise der Truppenführer erwachsen, daher die maßlose Erbitterung des Monarchen gegenüber Kleitos, eben weil dieser für seine altmakedonische Haltung viel eher Verständnis im Heer finden mußte als der „revolutionär" gesinnte und noch dazu junge Oberfeldherr. Nach seinem (und Hephästions) frühen Tode offenbarte sich, wie stark das Altmakedonentum geblieben war.

Fürsten schon als bisher bedeutendste Erscheinung auf der Bühne der Weltgeschichte erscheinen. Die Energie, mit der er seine Autorität in Asien nach
seiner Rückkehr aus Indien wiederherstellte, machte deutlich, daß die Welt
von ihm noch weitere Überraschungen zu erwarten hatte.

4.

Alexanders Verschmelzungspolitik war, wie gesagt, unbestreitbar das
sicherste Mittel, um zu einer nicht bloß ephemeren, sondern zu einer dauerhaften Befriedung innerhalb der Kulturwelt zu gelangen, ohne zu tyran-
nischen Praktiken greifen zu müssen. Daß Alexander diese völlig ablehnte,
hatte er durch seine Maßnahmen während des Rachekrieges mehrfach unter
Beweis gestellt [119], nicht zuletzt durch die bereits erwähnte Rücksendung der
Gruppe der Tyrannenmörder aus Susa nach Athen (s. o. S. 24). Die Gewalt
der Waffen allein konnte die maßgebliche Rolle der Makedonen und ihres
Herrschers im freiheitlichen Hellas auf die Dauer nicht sichern [120]. Andererseits war dieses Hellas noch immer das Herz der Welt. Alexander hatte
das schon damit anerkannt, daß er seinem Mitstreiter Krateros, der die
Heimkehr der 10 000 makedonischen Veteranen zu leiten hatte und in Makedonien den in fast ständige Konflikte mit Alexanders Mutter verwickel-
ten Antipater ablösen sollte, zugleich den Auftrag gab, für „die Freiheit der
Hellenen" zu sorgen [121]. Das war die altehrwürdige Parole im Zeitalter
der hellenischen Klassik gewesen, seit Athen überraschend zu einer wirklichen Weltmacht aufstieg und die übrigen Polisstaaten sich dadurch bedroht
fühlten. Aber so selbstverständlich sie sich ausnahm, so schwierig erschien
ihre Verwirklichung. Nicht zuletzt lag das darin begründet, daß diese eine
stabile Friedensordnung voraussetzte, in der das für alles Hellenentum kon-
stitutive Postulat der Freiheit und Selbstbestimmung sich zu erfüllen vermochte. Das 5. vorchristliche Jahrhundert kannte Frieden nur in der Form
eines zwar für mehrere Jahrzehnte gültigen, aber immerhin in seiner zeitlichen Dauer begrenzten Waffenstillstandes. In dem Zusammenleben der

---

[119] Deshalb ist die jüngst geäußerte Meinung nicht akzeptabel, daß Alexander sich das
    Werk des Philistos habe in den Osten nachsenden lassen, um als Tyrann (!) sich über die
    Tyrannis Dionys' I. zu unterrichten (so T. S. Brown, Historia 16, besonders S. 365 f.). Es
    muß schon dabei bleiben, daß die Kenntnis des Westens, wo sein Oheim Alexander der
    Molosser 331 v. Chr. ermordet worden war, den Grund für jene Nachsendung bildet.
[120] Das sollte sich in der Geschichte des Ägäisraumes während des 3. und 2. Jahrhunderts
    v. Chr. geradezu erschreckend offenbaren; ich darf dafür hier auf mein Buch „Roms
    Aufstieg zur Weltmacht" (1957), S. 55 ff., verweisen.
[121] Arrian 7, 12, 4.

hellenischen Staatenwelt wirkte sich eine solche Begrenzung, die als Respekt
vor der Bewegungsfreiheit des einzelnen Staates gedacht war, als erhebliche
Komplikation aus. Noch im ersten Viertel des 4. Jahrhunderts v. Chr. entschlossen sich die verantwortlichen Politiker dieser hochzivilisierten Welt, im
sog. Königsfrieden von 387/6 auf die zeitliche Befristung zu verzichten und
damit dem gesteigerten Verlangen nach einer für immer gesicherten Freiheit
Rechnung zu tragen. Obwohl dieser Friedensschluß bzw. „Friedenszu-
stand" wie die ihm folgenden sich als „allgemeiner" bezeichnete, erfüllten
sich die auf ihn gesetzten Hoffnungen nicht. Vielmehr wurde er allmählich
durch skrupellosen diplomatischen Mißbrauch eher zu einem abschreckenden
Beispiel, etwa wie so manche der großen Friedensschlüsse des 18. Jahrhunderts, wenn es gestattet ist, eine der kulturell blühendsten Epochen der Neu-
zeit als Erläuterung heranzuziehen. Philipp und Alexander hatten durch
ihre Siege als Friedensordnung den sog. Korinthischen Bund ins Leben geru-
fen [122], dessen Hegemonie auf Lebenszeit ihnen und ihren etwaigen Nach-
fahren zugestanden werden mußte und dessen Daseinsberechtigung sich auf
den romantisch gedachten Rachekrieg gegen Persien als die Vergeltung für
den Xerxeszug gründete. Mit dessen offizieller Beendigung 330 v. Chr. war
Alexanders Macht bereits so erheblich, daß, wie erinnerlich, der Hellenenrat
zu Korinth die Bestrafung des aufsässigen Sparta nicht selbst vornahm, sondern sie dem Makedonenherrscher übertrug (s. o. S. 34). Als dieser nach
Liquidierung der letzten Reste der Persermacht und Erreichung des Ozeans
zu allgemeiner – teils freudiger, teils bestürzter – Überraschung wieder in
den einstigen persischen Residenzen erschien, war sein Übergewicht so groß
geworden, daß er den Hellenen nicht anders denn als Zwingherr, als Tyrann
erscheinen konnte. Und ein solcher war bekanntlich nach griechischer Auffassung vogelfrei. Noch 336 v. Chr., im Jahre der Thronbesteigung Alexanders, ist in Athen das Gesetz über Tyrannenmord erneuert worden. Nichts
war in den freien Stadtrepubliken von Hellas so verhaßt wie ein Gewalt-
herrscher. Andererseits wäre es unbegreiflich gewesen, wenn Alexander für
die von ihm bereits eingeleitete Neugestaltung der Kulturwelt auf der Grundlage der hellenischen Errungenschaften nicht das Mutterland dieser neuen
Weltkultur in seine politische Schöpfung mit einbezogen hätte, um so mehr,
als er, wie gesagt, sogar im fernen Indien an Athen dachte und den Ruhm,
den er gerade dort für sich erhoffte [123]. In dieser Situation gab es nur einen
Ausweg: Der König mußte sich über alle irdischen Schranken emporheben

---

[122] So schreibt Alexander in seinem Briefe an Darius III. (Arrian 2, 14, 6) von dem Frie-
denszustande (εἰρήνη), den er den Hellenen geschaffen habe (s. o. S. 16).
[123] Dieses Zeugnis des Onesikritos, das Plutarch in seiner Alexanderbiographie (60) erhalten hat, kann nicht, wie bisher üblich, unbeachtet bleiben.

und zu einem Gott aufsteigen. Dann waren seine Anordnungen nicht Befehle
eines fremden Machthabers, deren Befolgung der freie Staatsbürger ablehnte, sondern Orakel, wie sie von Rat suchenden Staaten und Menschen in
Delphi, im Ammonion etc. erbeten wurden. Tatsächlich hat Alexander diesen Ausweg beschritten, indem er im Sommer des ereignisreichen Jahres nach
seiner Rückkehr von der glücklichen Eroberung der östlichen Ökumene an
die Hellenenstaaten des Korinthischen Bundes – und nur an diese – die Forderung richtete, ihn unter ihre Staatsgötter aufzunehmen.

Der Wortlaut des Erlasses ist nicht überliefert; es kann aber kein Zweifel
daran aufkommen, daß in ihm eine Motivierung bzw. Rechtfertigung für
ein so ungewöhnliches Ansinnen enthalten war. Sie mußte sich davon her-
leiten, daß die Taten Alexanders, in erster Linie seine Welteroberung, das
bisher Menschenmögliche überboten [124]. Ohne diese Legitimation [125] wäre
der Vergöttlichungserlaß eine Anmaßung, ja eine Blasphemie gewesen [126].
Die Welteroberung war eine schlüssige Rechtfertigung; nur als solche erhält
sie überhaupt einen positiven Gehalt wie alles, was Alexander den Beinamen
„der Große" gebracht hat. Daß sie nicht als brutale Vergewaltigung gedacht
war, hatte im Osten die wirklich neuartige Verschmelzungspolitik bereits
bewiesen. Und daß ihr Träger unter besonderem göttlichen Schutz seine nahezu unwahrscheinlichen Taten vollbracht haben mußte, konnte damals nicht
gut bestritten werden.

6.

Schon bald offenbarte sich, daß der Erlaß Alexanders eine sehr realpoli-
tische Seite hatte. Ein Grundübel im Inneren der meisten Hellenenstaaten
war, daß als Ergebnis der in dieser Zeit begreiflicherweise besonders leidenschaftlichen politischen Auseinandersetzungen – man denke nur an den Antagonismus zwischen Demosthenes und Äschines in Athen – zahlreiche Ver-
bannte ihre Heimat und zumeist auch ihren Besitz verloren. Ihrer nahm
sich ein weiterer Vorstoß des Königs in seiner Griechenpolitik an [127]. Im

[124] Hier darf das bei Plutarch, Alex. 64, mitgeteilte Zwiegespräch zwischen dem Welteroberer und einem der Brahmanen in Indien zitiert werden, in dem der letztere auf die
Frage, wie ein Mensch Gott werden könne, antwortet: „Wenn er etwas leistet, was einem
Menschen nicht möglich ist zu leisten."
[125] Zu der wahrscheinlich auch Alexanders Ammonssohnschaft herangezogen wurde.
[126] Daß Alexanders – nur für Hellas und Hellenentum berechnetes – Gottkönigtum nicht
auf orientalische, d. h. ägyptische Einwirkung zurückgeht, hat U. Wilcken aus den Insti-
tutionen des Ptolemäerreiches erwiesen (Zur Entstehung des hellenistischen Königskultes,
Sitzungsberichte der Berliner Akademie der Wissenschaften 1938).
[127] Literaturnachweise bei H. Bengtson, Griech. Geschichte 4(1969), S. 356, Anm. 1; dazu
U. Wilcken, Alexander d. Gr. und der Korinthische Bund, Sitzungsberichte der Berliner

Sommer verkündete Alexander in einer Proklamation vom „Feldlager"
(also wohl Susa) aus, daß er, der an dem Schicksal der hellenischen Verbannten keine Schuld trage, jetzt daran schuld sein wolle, daß sie (ausgenommen
die mit Blutschuld und Gottesfrevel Beladenen sowie die früheren Bewohner
des 335 v. Chr. zerstörten Theben [128]) in ihre Heimatstädte zurückkehren
könnten. Der Ernst dieses Ansinnens wurde durch eine Sanktionsklausel be-
kräftigt: Antipater, der Sieger von Megalopolis – nicht der Hellenenrat in
Korinth –, sei vom König beauftragt worden, Staaten, die sich weigerten,
ihre Verbannten wieder aufzunehmen, dazu zu zwingen. Als auf Alexanders
Geheiß sein Vertrauensmann Nikanor von Stagira im Spätsommer des Jahres nach Hellas reiste und bei Gelegenheit der Festspiele in Olympia, noch
immer der bedeutsamsten Publikationsstelle im freien Hellas, die Proklamation bekannt gab, waren die mehr als 20 000 griechischen Verbannten zugegen, die Alexander als ihrem Wohltäter mit frenetischem Jubel dankten.
Der König hatte, wie die gute Überlieferung bezeugt [129], einmal die Absicht,
seinen Ruhm durch eine derartige, ausgesprochen humane [130] Verfügung zu
mehren, dann aber auch den Willen, in jedem Hellenenstaat sich auf eine
zahlreiche Gruppe verlassen zu können, die ihm wohlgesinnt sein und damit
Unruhen und Abfallgelüste in Hellas verhindern würde.

Die Wiedereinsetzung der Verbannten brachte erhebliche Komplikationen
mit sich [131], ja z. T. wirklichen Verzicht, wie im Falle Athens, das nun das
ihm seit längerer Zeit als Kleruchie zugehörende Samos freizugeben hatte.
Es kam zu leidenschaftlichen Debatten, in denen der Gedanke auftauchte,
einen Kompromiß anzustreben, nach dem die Hellenen bereit seien, Alexander
unter ihre Staatsgötter aufzunehmen und dafür seinen Verzicht auf den Ver-
banntenerlaß auszuhandeln [132] – ein untrügliches Zeichen dafür, daß beide
Anordnungen in Verbindung miteinander standen. Die Auseinandersetzung
drang bis zur unmittelbaren Umgebung des Herrschers vor; in Ekbatana
erbot sich einer seiner Waffenmeister, der Samier Gorgos, mit seinem eigenen
Vermögen Waffenkäufe zu finanzieren, wenn Alexander mit Krieg gegen

---

Akademie der Wissenschaften 1922, S. 115 ff. Die Überlieferung geht auf Hieronymos
von Kardia zurück (benutzt bei Diodor 18, 8, 2 ff.) und ist deshalb unbedingt zuverlässig.

[128] Plutarch, Apophthegmata Lac. Eudamidas 9, 221 a.

[129] Diod. 18, 8, 2 (nach Hieronymos von Kardia).

[130] Nach dem Wortlaut der Proklamation waren alle Betroffenen angesprochen, nicht nur
Makedonenfreunde. Daß aber letztere das Hauptkontingent darstellten, liegt auf der
Hand; vgl. meinen Aufsatz „Zum Gottkönigtum Alexanders d. Gr.", Welt als Ge-
schichte 5 (1939), S. 394.

[131] Vgl. die wichtigen Inschriften bei M. N. Tod, A selection of Greek historical inscriptions,
2 (1948), S. 289 ff., Nr. 201 (Mytilene) und 202 (Tegea).

[132] Quellenbelege und Literatur: Reallexikon Antike und Christentum 1, Sp. 265.

Athen vorgehen würde [133]. – Auch diesmal setzte der Welteroberer seinen Willen durch. Auf seinem Wege von Ekbatana nach Babylon begegneten ihm Abgesandte aus fast der gesamten, noch freien Mittelmeerwelt [134], so daß er in seinem eigenen Urteil und dem seiner Freunde sich damals bereits als „Herr der gesamten Erde und des Meeres" vorkam. Im Frühjahr 323 v. Chr. trafen endlich Gesandte aus Hellas bei ihm in Babylon ein, bekränzt als „Theoren", als „Schauende", die gekommen waren, einen Gott zu verehren [135]. Das Synhedrion zu Korinth wurde für Alexander „nur noch Publikationsstelle für seine absolut geltenden Willensäußerungen" [136].

Wie später Julius Caesar seinen als Abschluß seines staatsmännischen Werkes gedachten großen Partherzug nicht unternehmen wollte, ohne daß vorher die politische Lage in Italien und Rom, der damaligen Mitte der Welt, in seinem Sinne entschieden wurde (was freilich mit der Verschwörung und dem Attentat an den Iden des März 44 v. Chr. für ihn katastrophal ausging), so sah Alexander es als notwendig an, im republikanischen Hellas schon jetzt seine göttliche Monarchie aufzurichten, ohne daß er bereits die volle Weltherrschaft mit Unterwerfung auch des westlichen Teils der Ökumene gewonnen hatte. Daß er sie anstrebte, kann nach dem Gesamtbild unserer Überlieferung ernsthaft nicht mehr bestritten werden. Schon die Bezeichnung „Feldlager" (στρατόπεδον) für Alexanders jeweilige Residenz (o. S. 47) ist dafür aufschlußreich. Während seiner Verhandlungen mit den Hellenen wurden zur Rekognoszierung der Küsten des „Großen Meeres" Schiffsexpeditionen ausgesandt, an deren bedeutsamster, der Umschiffung Arabiens, Alexander persönlich teilnehmen wollte. Es ist richtig, wenn man darauf hingewiesen hat, daß es sich hier um „ein durchaus militärisches Unternehmen mit kombinierten Operationen von Flotte und Landheer handelte" [137]. In Alexanders Nachlaß fanden sich Aufzeichnungen über Zukunftspläne von geradezu riesigem Ausmaß. Die aufschlußreichste von ihnen hat Hieronymos von Kardia in sein Geschichtswerk aufgenommen. Wir berührten bereits oben den von der modernen Quellenkritik festgestellten Sachverhalt, daß sich Diodor (18, 4, 4) mit seiner Darstellung der Nachfolger Alexanders an jenes vorzügliche Geschichtswerk anlehnte. Es ist unmöglich, seinen Angaben hier keinen Glauben schenken zu wollen, wie es kürzlich wieder geschehen ist [138]. In seiner Aufzeichnung spricht der König von

---

[133] Ephippos fr. 5 Jacoby; dazu Jacobys Kommentar (Seite 439).
[134] Arrian 7, 15, 5.
[135] Arrian 7, 23, 2.
[136] So treffend charakterisiert von U. Wilcken, Sitzungsberichte der Berliner Akademie der Wiss. 1922, S. 117.
[137] F. Schachermeyr, Alexander d. Gr. ²(1973), S. 543.
[138] K. Kraft, Der „rationale" Alexander (1971), S. 126. Anders bereits Ed. Meyer, Blüte

Städtegründungen und Völkerverpflanzungen aus Asien nach Europa und umgekehrt, damit er „die größten Festländer durch die Ehebündnisse und Verschwägerungen zu voller Eintracht und auf Verwandtschaft begründeter Freundschaft führe". Als Ziel für die nächste Phase der Welteroberung wird Karthago genannt. Alles, was zur Unterwerfung dieser mächtigsten Metropole des fernen Westens notwendig war, wie Flottenbau, Straßenanlagen und anderes, wurde vorbereitet, ja zum Teil bereits eingeleitet. Gegen einen Angriff war die Stadt von der Natur nicht übermäßig geschützt. Das Schicksal ihrer Mutterstadt Tyros (332 v. Chr.) zeigte, daß selbst eine Insellage und der fast alleinige Besitz einer Flotte für makedonische Kriegskunst keine unüberwindlichen Hindernisse bildeten. Der Zug sollte darauf über die Meerenge von Gibraltar durch Iberien und das südliche Gallien nach Italien und von dort weiter nach Hellas und Makedonien führen. Bedenkt man, daß König Pyrrhos von Epiros nahezu ein halbes Jahrhundert später den Römern, die bereits Herren des größten Teils der Apenninenhalbinsel waren, in zwei Feldschlachten schwere Niederlagen beibrachte und Rom nur durch sein Bündnis mit Karthago die Gefahr für seine Freiheit überstand (o. S. 12), so ist daran kein Zweifel möglich, daß Alexander, der den Epiroten an Feldherrntalent weit übertraf, die römische Republik, die 321 v. Chr. die schmachvolle Niederlage in den Caudinischen Pässen von den Samniten hinnehmen mußte, in sein Universalreich hineingezwungen hätte [139]. Selbstredend hat der große Kreis der noch unabhängigen Völker die Gesandtschaften, von denen oben (S. 48) die Rede war, zu Alexander geschickt, weil alle diese Völker die Möglichkeit, daß der Welteroberer bis zu ihnen ausgreifen würde, für gegeben ansahen und sich deshalb unbedingt zuverlässige Kunde über seine Pläne verschaffen mußten. Der plötzliche Tod des Gewaltigen im Juni 323 v. Chr. setzte, wie sich bald herausstellte, den Sorgen und Zweifeln des Westens überraschend ein Ende, zumal da sich zugleich die Kenntnis davon sicherlich sehr schnell verbreitete, daß nunmehr die Makedonen selbst die hochfliegenden Entwürfe ihres ehemaligen Herrn und Meisters kassierten.

---

und Niedergang des Hellenismus in Asien (1925), S. 11 f. (Neuausgabe 1959, S. 22 f.). Kraft übersieht, daß Alexander für die Durchführung seiner Westpläne nicht unter Zeitdruck stand; ein Zug zum Pontos ließ sich mit ihr durchaus vereinigen. Wer sollte den frühen Tod des Königs voraussehen? – Vgl. jetzt G. A. Lehmann, Weltherrschaft u. Weltfriedensgedanke im Altertum (Mitt. der Univ. Braunschweig 8, 1973), S. 50, Anmerkung 14.

[139] Livius' berühmte Polemik gegen diese Auffassung (9, 17–19) ist völlig anachronistisch. Plutarch (De fortuna Romanorum 13) wertet die Abwendung von Alexanders Angriff auf Italien durch seinen plötzlichen Tod als größtes Glück für Rom. – K. Kraft (a. a. O., S. 125) scheint mir die Seemacht von Syrakus erheblich zu überschätzen.

Die Makedonen lenkten jetzt in die Bahnen ein, die Alexander, der große Kriegsheld, ganz offensichtlich zu vermeiden trachtete. Nun ging es wieder wie früher um Machtausübung und Befriedigung des Ehrgeizes. Nicht Friede und Menschheitsversöhnung lautete die Parole, sondern Kriegsruhm, *gloire*. In dem byzantinischen Suda-Lexikon wird der Begriff „Königsherrschaft" (Basileia) durch ein, wie man längst gesehen hat, in frühhellenistischer Zeit verfaßtes Exzerpt definiert. Darin heißt es: „König kann nicht werden, wer nur königlicher Abkunft ist, sondern wer ein Heer zu führen und Siege zu erringen versteht." So hätten es König Philipp von Makedonien und Alexanders Nachfolger, die sog. Diadochen, gehalten. Es ist ungemein bezeichnend, daß hier Alexander ausgelassen worden ist, was nur absichtlich geschehen sein kann. Die neue Zeit folgte in der Tat einem anderen Ideal als er; sie träumte vom „speergewonnenen Land" und dem auf ihm zu errichtenden Herrschertum, bei dem man selbst – anders als unter Alexander – mit niemandem zu teilen brauchte. Dazu stimmte, daß Alexanders Nachfolger (außer Seleukos) ihre persischen Hauptgemahlinnen demonstrativ verstießen [140].

7.

Blicken wir noch einmal auf den Anfang unserer Darlegungen zur Alexandergeschichte zurück! Ausgangspunkt waren die Nachrichten über die Themen der großen Malerei in der Epoche des genialen Königs. Wir haben feststellen müssen, daß in dem von Alexander teils gebilligten, teils inspirierten Schaffen des bedeutendsten damaligen Malers, des Apelles, ein erheblicher Raum dem Gedanken einer Überwindung des Krieges durch den sieggewohnten König beigemessen worden ist. Unser Überblick meint ferner feststellen zu können, daß nicht wenige merkwürdige Vorkommnisse in der Politik Alexanders die Herstellung eines dauerhaften Friedenszustandes in der Ökumene und nicht nur ein Erobern als Selbstzweck erkennen lassen. Wir dürfen nun hinweisen auf einen weiteren Fingerzeig für Alexanders Wollen aus der Welt der bildenden Kunst, und zwar auf ein glücklicherweise erhalten gebliebenes Meisterwerk griechischer Plastik, das gegen Ende des vorigen Jahrhunderts (1887) aus den unterirdischen Felsengrüften der Stadtfürsten von Sidon, der alten Metropole Phönikiens, ans Licht gebracht wurde: der sog. Alexander-Sarkophag [141], in dem sich aller Wahrscheinlich-

---

[140] Vgl. o. S. 40. Die Makedonen als eines der ausgeprägtesten Soldatenvölker: Welt als Geschichte 7 (1941), S. 16 ff.

[141] Jetzt vorzüglich behandelt von V. von Graeve, Der Alexandersarkophag u. seine Werkstatt (Istanbuler Forschungen 28, 1970, vgl. dazu K. Schefold, Der Alexander-Sarkophag [1968], S. 33 f.).

keit nach der von Alexander wieder in sein Königserbe eingesetzte Fürst
Abdalonymos hat bestatten lassen. Stil und Inhalt der Darstellungen in den
Reliefs, mit denen dieser Sarkophag überreich geschmückt worden ist, weisen
deutlich auf die Epoche Alexanders als Entstehungszeit des grandiosen, von
unbekannten hellenischen Künstlern geschaffenen Werkes. Die eine der beiden Langseiten zeigt am Anfang unverkennbar das Bildnis des auf seinem
Leibroß in die Schlacht sprengenden und auf einen vornehmen Perser mit
dem Speer zielenden Makedonenkönigs, der an dem über sein Haupt gezo-
genen Löwenfell des Herakles, seines Ahnen, eindeutig zu identifizieren ist.
Ein wildes Kampfgetümmel zwischen Hellenen und Barbaren schließt sich
an; ein von rechts ansprengender älterer Makedone – vielleicht Parmenion –
rundet es eindrucksvoll ab. Kampf und Krieg dominieren: Der Sieg des
Abendlandes über das Morgenland ist das deutlich erkennbare Thema. Die
andere Langseite zeigt in nicht weniger ansprechender Gestaltung „Hellenen“ (Makedonen) und „Barbaren“ (Perser) in gemeinsamem Wirken bei
der Jagd und bei der Abwehr der Raubtiere; die beiden großen Potenzen
„Orient“ und „Okzident“ haben sich zu lebenförderndem Zusammenwir-
ken in Frieden und Gleichberechtigung gefunden. Wir haben also in den Darstellungen auf dem Sarkophag die Auffassung eines zeitgenössischen morgen-
ländischen Fürsten vom eigentlichen Sinn des Alexanderzuges vor uns, den
der fürstliche Besteller ganz offensichtlich von dem Künstler bzw. den
Künstlern dargestellt sehen wollte. Der Alexander-Sarkophag ist ganz in
klassisch-griechischem Stil gehalten, ein sprechender Beleg dafür, daß die
Politik des genialen jungen Makedonenhelden auch in ihrer späteren Entwicklung nicht zu einer Abkehr von Hellas als Kulturmacht geführt hat [142]
und zu führen brauchte. Bei den Reliefs entsprechen die Kampfszenen chronologisch dem Anfang des dargestellten umwälzenden welthistorischen Geschehens. Die Szenerie des Friedens kann dementsprechend nur als das be-
glückende Ergebnis von einstigem Kampf und früherer Feindschaft zwischen
West und Ost unter der Leitung eines wirklichen Genies, nämlich eines helle-
nisch gestimmten Weltfriedensfürsten, interpretiert werden. Das ganze kost-
bare Werk ist ein Abglanz nicht nur der Persönlichkeit, sondern zugleich des
politischen Wollens Alexanders [143].

---

[142] Wie u. a. G. Radet in seiner Alexandergeschichte (s. H. Berve, Das Alexanderreich 1,
S. 334) meinte, nämlich, daß zu Beginn seines Zuges Alexander Asien eroberte, aber am
Ende Asien ihn sich unterwarf. – Vgl. als Gegenargument u. a. das Eratostheneszitat
über Alexanders Tracht bei Plutarch, De Alexandri Magni fortuna 1 c. 8 (p. 329 F. f.).
[143] K. Schefold, a.a.O., S. 28: „Nur wenn man die frühe Entstehungszeit des Sarkophags
vor dem Tod Alexanders des Großen (323 v. Chr.) erkennt, wird man seiner Bedeutung
gerecht. Er ist unschätzbar als originales Zeugnis der unmittelbaren Wirkung des Kö-

Wir möchten schließen mit dem zum historischen Alexanderbild, wie es die moderne Forschung auf quellenkritischer Grundlage erfolgreich wieder freilegte, passenden Satze Plutarchs [144]: „Wenn die Gottheit die Seele Alexanders, die sie zur Erde sandte, nicht so früh wieder zu sich berufen hätte, würde ein einziges Gesetz über allen Menschen walten, und zu einer und derselben Gerechtigkeit hätten sie wie zu einem gemeinsamen Licht aufgeschaut; jetzt aber ist der Teil der Erde sonnenlos geblieben, der Alexander nicht sah."

nigs"; K. Gebauer, Alexanderbildnis u. Alexandertypus, Mitteilungen des Deutschen Archäolog. Instituts, Athenische Abtlg. 63/4 (1938/39), S. 51 ff.

[144] Plutarch, a.a.O., c. 8 (p. 330 D f.). – In seiner *Histoire des Perses* 2, S. 370 (zitiert von H. Berve, Das Alexanderreich auf prosopographischer Grundlage, 1926, 1, S. 100) warnte Gobineau: *„Un Alexandre uniquement méthodique ne se comprend pas."* Die wissenschaftliche Methode, deren Grundfeind der Subjektivismus ist, kann nur im entgegengesetzten Sinne verfahren: feststellen, ob die aus der kritisch gereinigten Überlieferung zu entnehmenden Tatsachen der Geschichte Alexanders als planvolle Einheit begreifbar sind, und nur dort, wo von einer solchen nicht mehr die Rede sein kann, jene Feststellung modifizieren.

Inhaltsangabe

Der Vortrag ist in folgende Sinnabschnitte untergliedert, die im Text nur mit Ziffern angegeben sind:

Summary

Apelles' once very famous painting which shows Alexander with the chained demon of war is not only evidence of the fact that the victor in many battles, who matured early in life, aimed at higher things than the conquest of the Persian Empire: he wished to establish a new state of universal peace in the οἰχουμέγη incorporated in a homogeneous empire based upon Greek culture. One can only satisfactorily understand events such as Alexander's disagreements with his army because of his policy of reconciliation, his political decrees concerning the Greek states etc., when one looks at it from this point of view. The contemporary reliefs of the so-called "Alexander sarcophagus" from Sidon give an impressive illustration of the change from war to peaceful cooperation between the Orient and the Occident.

ABHANDLUNGEN

Sonderreihe
PAPYROLOGICA COLONIENSIA

SONDERVERÖFFENTLICHUNGEN

Verzeichnisse sämtlicher Veröffentlichungen der Arbeitsgemeinschaft für Forschung des Landes Nordrhein-Westfalen, jetzt der Rheinisch-Westfälischen Akademie der Wissenschaften, können beim Westdeutschen Verlag GmbH, 567 Opladen, Ophovener Str. 1–3, angefordert werden.

MIX
Papier aus verantwortungsvollen Quellen
Paper from responsible sources
FSC® C105338

If you have any concerns about our products,
you can contact us on
ProductSafety@springernature.com

In case Publisher is established outside the EU,
the EU authorized representative is:
Springer Nature Customer Service Center GmbH
Europaplatz 3, 69115 Heidelberg, Germany

Printed by Libri Plureos GmbH
in Hamburg, Germany